TANTO PER PARLARE
LIBRO DELL'INSEGNANTE

Giosi Vicentini Nicoletta Zanardi

TANTO
PER PARLARE

materiale per la conversazione

(livello medio-avanzato)

Libro dell'insegnante

3ª edizione

Bonacci editore

Bonacci editore
Via Paolo Mercuri, 8 - 00193 Roma
(ITALIA)
Tel. 06/68.30.00.04 - Telefax 06/68.80.63.82

INDICE

INTRODUZIONE

Il materiale comprende 7 sezioni raggruppate a seconda degli stimoli offerti, dello scopo che ci si prefigge e delle abilità linguistiche richieste per lo sviluppo della conversazione.

Sezione 1: PARLARE DI..., 9 lezioni basate su stimoli orali e scritti che mirano a sviluppare la libera espressione delle opinioni personali.

Sezione 2: PARLARE PER UNO SCOPO, 7 lezioni, che hanno un accento più deciso sulle funzioni della lingua che uno studente straniero deve conoscere per essere efficiente e quindi inserirsi nella società che lo ospita.

Sezione 3: ASCOLTARE E GIOCARE, 7 lezioni, 4 delle quali, più passive dal punto di vista dello studente, vogliono esercitare l'abilità di comprensione orale e 3, più attive, servono a potenziare l'abilità di domandare e discutere.

Sezione 4: RECITARE PER PARLARE, 5 attività di drammatizzazione per agire attivamente in vari contesti di possibile interesse per gli studenti.

Sezione 5: LEGGERE E ASCOLTARE PER PARLARE E DISCUTERE, si leggono dei racconti gialli per scoprire insieme il responsabile dei crimini descritti; si ascoltano alcune storie e se ne inventa la conclusione.

Sezione 6: LEGGERE PER RACCOGLIERE INFORMAZIONI E IDEE, letture di supporto alla discussione a cui gli studenti dovranno riferirsi prima della conversazione.

Sezione 7: ALLEGATI, fotografie, grafici o immagini di cui gli studenti dovranno servirsi per spiegarsi meglio.

Il libro non va seguito in successione da cima a fondo, ma presuppone che le parti delle varie sezioni siano proposte alla classe seguendo gli interessi e i bisogni degli studenti, con l'obiettivo di avere un programma variato ed adattabile a situazioni diverse.

ATTENZIONE: le sezioni 6 e 7 compaiono solo nel libro dello studente.

PARLARE DI...

1. ORGANIZZAZIONE DEL CORSO: rivolgere le domande a tutti gli studenti, lasciando circa 20 minuti di tempo per rispondere ad ognuna di esse.

2. SCUOLA, GITE SCOLASTICHE, DROGA, FAMIGLIA, LAVORO, ATTUALITÀ: gli studenti devono discutere i punti o rispondere alle domande presentate nelle schede relative ad ogni capitolo, dopo aver letto gli articoli sui rispettivi argomenti nella sezione 6 **Leggere per raccogliere informazioni e idee**.

3. CINEMA: gli studenti devono prepararsi a presentare analiticamente i film da loro ritenuti più interessanti, motivando il loro parere.

4. CITAZIONI CITABILI: gli studenti devono esprimere la loro opinione in proposito.

PARLARE PER UNO SCOPO

1. PROTESTARE/RECLAMARE

2. SCUSARSI

3. DESCRIVERE

4. DARE ISTRUZIONI

a coppie/tutta la classe

Fase preliminare: gli studenti devono elencare o proporre una serie di situazioni in cui
                       è possibile trovarsi a dover protestare, scusarsi, descrivere o dare
                       istruzioni.

Discussione: gli studenti scelgono tra le situazioni date o tra quelle suggerite da
                       loro nella fase precedente e lavorano prima in coppie e poi in grup-
                       po seguendo le istruzioni date.

ATTENZIONE: alcune descrizioni comportano la ricerca di materiale visivo di
                       supporto.
                       Alcune immagini sono allegate nell'ultima sezione del libro.

5. RISPONDERE A UN ANNUNCIO:

a) **Offerte di lavoro e casa:** gli studenti, lavorando in coppia, dopo
aver letto gli annunci presentati, preparano il colloquio relativo ad
alcuni di essi, da loro scelti o a loro indicati dall'insegnante;
b) **Annunci matrimoniali:** istruzioni a pag. 10

6. DARE CONSIGLI: **La vostra posta,** istruzioni a pag. 11

7. RACCONTARE UNA STORIA: istruzioni a pag. 16

Annunci matrimoniali

1. Si dividono gli studenti in 2 gruppi A e B e si dà al gruppo A la serie di annunci A e la scheda A, al gruppo B la serie di annunci B e la scheda B. Se la classe è numerosa, ogni gruppo si può dividere in sottogruppi.

2. Gli studenti leggono gli annunci attentamente e riempiono le schede a loro disposizione. Devono compilare per ultima la voce «personalità» sulla base degli altri dati, delle proprie deduzioni e della discussione con i compagni di gruppo.

3. L'insegnante abbina poi ogni studente del gruppo A con uno studente del gruppo B. Ogni studente usa la propria scheda per descrivere le caratteristiche delle varie persone e discutere con il compagno sulla base dei suoi appunti la formazione delle coppie più compatibili.

4. Discussione plenaria: si presentano a tutta la classe le coppie risultanti e le motivazioni della propria scelta.

5. La discussione può poi essere estesa per parlare dei propri gusti in materia di scelta del partner ideale, in vista della formulazione di un annuncio per se stessi.

La vostra posta

1. Assegnare ad ogni studente un numero e la lettera, corrispondente al numero, da leggere e da capire.

2. Ogni studente deve poi immaginare di essere la persona che ha scritto quella lettera, fare propri i problemi contenuti e comunicarli agli altri (che non li conoscono avendo letto solo la propria lettera) chiedendo consigli.

3. Gli altri studenti devono commentare, reagire a tali richieste formulando i suggerimenti che ritengono opportuni.

4. Quando la fase precedente è esaurita, l'insegnante può leggere e proporre alla discussione la risposta che era stata data da Donna Letizia.

1

Il mio ragazzo è tanto caro e ci vogliamo bene, purtroppo ciò non impedisce che litighiamo spesso per il fatto che lui dice molte bugie, magari senza grande importanza, ma ciò mi irrita molto. Come mi consiglia di comportarmi? Ho provato a farglielo notare ma si mortifica o si offende e poi mi tiene il broncio. (*Dolores. F., Varese*).

Se le bugie del tuo ragazzo sono innocue, non gliele contesterei tanto aspramente. Ci sono bugie e bugie, o meglio bugiardi e bugiardi: c'è chi mente per complessi (che hanno generalmente lontane radici nell'infanzia), chi per evitare un dispiacere a una persona vicina, chi per scrupolo di educazione, chi infine per eccesso di fantasia. A questa ultima categoria appartengono i bugiardi più simpatici fra cui, mi sembra di capire il tuo ragazzo.

2

Ho quasi quarant'anni e sono una bella donna. Ossia una «zitella» di bell'aspetto, ho il coraggio di dichiararmi zitella, come vede, nonostante i risolini, le allusioni, ecc., che provoca questa parola e che debbo subire ogniqualvolta vien fuori che non sono sposata. Tuttociò perché, odiando il compromesso, rinuncio alle facili occasioni e alle situazioni ambigue. Grazie a Dio ho un buon impiego e un appartamento molto confortevole. Chiedo a lei perché la società è così crudele con le donne nubili, perché mi devo sentire sempre addosso sguardi ironici e subire situazioni offensive (*P.R., Lugano*).

Non potrebbe darsi che lei fosse un pò vittima di persecuzioni immaginarie? Che una quasi quarantenne, nubile, belloccia, indipendente, attiva, susciti ironia e debba trovarsi in situazioni «offensive» mi sembra veramente inconcepibile in tempi in cui ha spesso più motivi una madre di famiglia di invidiare una nubile, che viceversa. Il suo guaio, gentile lettrice, è quello di essersi ammantata di orgogliose rinunce come in un ermellino che però le pesa sulle spalle. Scontenta com'è, vede intorno a sé sorrisini ironici e occhiatine ammiccanti che in realtà non ci sono. Nessuno le chiede di vietarsi le esperienze di cui sente il vuoto; è sola e libera delle sue

azioni. Tutto le è concesso, dunque, purché salvi il buon gusto, il quale va sempre di pari passo col buon senso.

3

Ho la fronte molto sguarnita, il che fa pensare che abbia un principio di calvizie, in verità da anni l'inconveniente non aumenta. Sono da alcune settimane in rapporti epistolari con una persona che ancora non conosco personalmente e che dovrò conoscere fra un mese quando arriverà dal Venezuela. Si tratta di un amico di mio fratello, colà residente, e potrebbe trattarsi di un buon matrimonio per me. Lo scambio di fotografie, finora, è stato soddisfacente, grazie a certi accorgimenti (una mezza parrucca). Infatti non si è accorto del mio difetto, anzi ha apprezzato in una sua lettera «le belle onde» della mia capigliatura. Adesso sono preoccupata. Mi consigli lei. Quando quest'uomo arriverà, come presentarmi per non illuderlo, né deluderlo! (*Costanza T., Avellino*).

Le belle onde subito e poi a poco a poco la spiaggia.

4

Sono una giovane moglie innamorata e arrabbiata per il comportamento di mio marito che giudicavo fino a poco tempo fa un gentiluomo, mentre ora mi chiedo se non ho sposato un bruto. Giudichi lei. Ho 22 anni e sono, perdoni l'immodestia, bella e ben fatta. Lui ha trent'anni, fascinoso tutto d'un pezzo. Siamo invitati a un pranzo fra gente bene e brillante. Inauguro un'adorabile tunica trasparente senza reggiseno e con slip di lamé. Sexy ma splendido. Lui mi ordina di metter sotto una sottoveste. Gli rispondo che quell'insieme va portato così, è costato carissimo (paga lui) e non intendo rovinarne l'effetto. Lui è irremovibile. Vado di là, fingo di obbedire, indosso la pelliccia e usciamo. Quando siamo ormai fra gli amici, si accorge che sono rimasta com'ero ma non dice nulla. Tutta la sera ho un successo fantastico, penso che se ne rallegri anche lui, perché balliamo insieme più di una volta. Invece appena rientrati mi toglie la pelliccia con gentilezza e subito dopo mi molla due ceffoni! Poi va a dormire nel suo studio... Il giorno dopo, come nulla fosse! Le chiedo cosa pensa di tutto questo. (*Innamorata e arrabbiata*).

Penso che questo suo marito non mi dispiace affatto.

5

Ci capita abbastanza spesso di uscire in compagnia di amici fra cui uno scapolo che sarebbe simpatico se non avesse l'abitudine di sciorinare barzellette che man mano, col passare delle ore, diventano sempre più volgari. Poiché si rivolge generalmente a me (si professa mio ammiratore) non so come reagire e lui sembra goderne. Non vorrei offenderlo con una risposta che metterebbe il gelo nella compagnia senza contare che questa persona ha reso un servizio importante a un mio fratello lo scorso anno. Ma non sopporto la volgarità e chiedo perciò a lei come farglielo capire. (*Dionisia - PA*).

Il miglior modo di smontare chi racconta una barzelletta volgare è di dimostrarsi tediata. Né scandalizzata, né imbarazzata, soltanto tediata.

6

Ho 44 anni e sono ancora carina con una figura snella e femminile. Giovanissima mi innamorai di un giovane che i miei giudicarono non adatto a me perché di condizione sociale economica assai inferiore. Erano altri tempi, non si poteva uscire di nascosto, rinunciai a questo grande amore e ne sposai un altro. Credevo di aver scelto bene, invece ho sbagliato tutto. Le cose si sono capovolte col tempo: il mio primo amore ora è un grosso industriale, io sono rimasta la moglie di un commerciante dal carattere prepotente, sgarbato egoista, che mi sopraffà, mi mortifica davanti ai clienti, si approfitta del mio carattere timido. Abbiamo un figlio sensibile come me e questo è un motivo che mi induce a non sfasciare il nostro ménage ma ci sono giorni che nel mio cuore provo solo odio per mio marito. Ora è accaduto che a distanza di venticinque anni ho incontrato il mio primo amore, ho accettato di uscire con lui una sera a cena (mio marito era assente) e poi di fare l'amore. Ma sia l'emozione, sia il fatto che sono di natura frigida e non ho mai provato nemmeno con mio marito il piacere dell'atto fisico, anche questa volta di soddisfazione non ne ho avuta, del che anche lui è rimasto male. Eppure continuo a pensarlo giorno e notte, mi dispero al pensiero che forse non lo incontrerò più senza contare che è sposato e ha tre figli. Da tutto questo mi è venuta una sola soddisfazione: tutte le volte che mio marito mi fa degli sgarbi ormai il mio cuore esulta al pensiero di averlo tradito e più fa il gradasso e più mi comanda, più dentro di me ne godo! (*Lettera da Como*).

Mia povera signora, la compiango: destinata a godere solo quando incamera veleno! Non sarebbe il caso di rivedere, sotto un'angolazione più lucida e sensata, la sua vita? Forse l'attitudine sgarbata di suo marito trae origine dalla frigidità dei vostri rapporti di cui non dubito egli abbia una grossa parte di responsabilità. Quanto all'aver voluto «rifarsi» con un revival sentimentale di 25 anni prima, quale errore! Non poteva andare diversamente da come è andato: il tempo deteriora tutto, lei non è più, né dentro né fuori, quella che era allora, senza contare che su di lui grava la responsabilità e, voglio credere, l'affetto di una famiglia. Queste sono considerazioni e non consigli, alla sua età le decisioni si prendono consapevolmente, interrogando se stesse.

7

Come liberarmi di un corteggiatore insistente e attempatello che non mi dà pace e mi coinvolge perfino nella sua ridicolaggine. Si tratta di un ex Don Giovanni che non disarma e che ovunque lo incontri non mi molla di un passo. Se ciò accade per strada, mi accompagna per i negozi. Se accade in un ritrovo, mi si siede accanto e non mi molla per tutta la serata. Il suo ritornello è «Lei ha tutto, non rifiuti il poco che le chiedo, sarebbe da egoista...» Non sono cattiva e ci rimango male. Cosa rispondergli? (*Pierina G., Napoli*).

«Tenga conto che ho già i miei poveri...»

8

Invitata per il tè in casa di una signora della cittadina dove ci siamo trasferiti da poco, mi sono presentata puntualmente alle cinque, come mi era stato detto. Le altre signore, fra cui la moglie del sindaco, si sono presentate alle sei. Ho portato dei fiori che sono stati messi su una sedia con un grazie distratto. Sono una giovane sposa, mio marito è direttore della filiale di una banca, abbiamo un titolo nobiliare. L'accoglienza della padrona di casa e delle sue invitate è stata cordialissima ma la conversazione difficoltosa per mancanza di argomenti. Si è parlato soltanto di domestiche, di acciacchi, di matrimoni e fidanzamenti fra persone del luogo. Essendo la più giovane non osavo accomiatarmi per prima e così si son fatte le otto. A questo punto mi sono alzata e mi son resa conto che si aspettava proprio che io dessi il segnale di partenza. Temo di esser stata giudicata male e di aver sbagliato tutto. (*A.M.*).

Per una prima visita tre ore sono po' lunghette, non credo tuttavia che sarà stata giudicata «male». Semmai un po' timida, il che alla sua età è più che comprensibile. Dato l'ambiente, è certo che il titolo nobiliare e la carica di suo marito le garantiranno altri inviti e un'accoglienza più che cordiale.

9

Quarantaquattro anni, alta un metro e sessantotto, peso ahimé settantanove chili. Abbiamo due figli maschi che a tavola esigono pastasciutta e cibi sostanziosi. Per questa ragione finisco per mangiare come loro anche se mi accontenterei di cibi più leggeri. Anziché essermi grata del sacrificio in famiglia mi si prende in giro. Vengo chiamata «cicciona» da mio marito, «mammona» dai figli e quando mi presenta a qualche conoscente, il mio caro sposo non perde occasione di dire «Vi presento la mia dolce ... tonnellata», provocando l'ilarità generale. Vorrei che mi dicesse come fargli capire che mi manca di rispetto e che queste spiritosaggini non depongono per lui, anche se la gente sembra divertirsene (*Adele, Campobasso*).

Convengo che se lei è di corporatura pesante, suo marito lo è altrettanto di spirito. Ma forse il miglior modo di metterlo a tacere sarebbe quello di incominciare una dieta dimagrante sotto il controllo di un buon medico. Non vedo, poi, perché dovrebbe tornarle complicato mangiare mozzarelle e insalate, di rapida preparazione, mentre i suoi figli mangiano pastasciutta.

10

Ho 19 anni e ho anch'io il mio ragazzo che ne ha 25. Ora siamo prossimi alle nozze e sono incominciati i guai. Mentre al principio era d'accordo che lavorassi, poi ha incominciato a complicarmi le cose. Non gli andava che facessi l'estetista e così ho lasciato quel lavoro per passare in alcune radio libere. Anche questa occupazione poi non gli andava e così son passata ad altri lavori in proprio. Ora ha deciso che dopo sposata non dovrò più lavorare. Si figuri che dovrei vivere con mia suocera. Solo a questo pensiero mi sento male. Da un pò di tempo non si fa che litigare. Come andrà questo matrimonio? (*Quasi sposa, Brindisi*).

Sicuramente, piatti rotti e pianti dirotti. E per finire un tardivo «ma chi me l'ha fatto fare?»

11

Sotto Natale abbiamo ricevuto una zuccheriera d'argento... presentata nella scatola di una nota gioielleria. Non avendo nessuna necessità di quell'oggetto mi sono recata al negozio per chiedere di cambiarlo con qualche altra cosa. Mi sono sentita rispondere, primo: l'oggetto non era stato acquistato in quel negozio. Secondo: non era d'argento bensì di metallo. Ora deve sapere che per sdebitarci di quel dono, che avevamo ovviamente sopravvalutato, abbiamo a nostra volta acquistato per questi amici un portasigarette da tavolo, d'argento «vero», mangiandoci una grossa fetta della tredicesima... E siamo stati ringraziati quasi distrattamente. Cosa ne pensa, Donna Letizia? (*P.N. Varese*).

Che siete incauti, visto che qualsiasi oggetto d'argento ha sempre in qualche angolino il marchio che lo garantisce. A discolpa poi dei vostri amici va considerato che forse vi hanno rifilato un oggetto che a loro volta hanno ricevuto in regalo e che ritenevano, in buona fede, d'argento. E in tal caso... scagli la prima pietra chi è senza peccato.

12

Ho 31 anni e mi vanto di una discreta presenza. Nonostante ciò, a parte qualche brevissimo insignificante flirt estivo, non ho mai conosciuto il vero amore, completo. Tuttociò provoca in me crisi di abbattimento e pianto convulso. Ultimamente ciò si è ripetuto e a un'osservazione dei miei ho reagito urlando: «Volete capirlo sì o no? Voglio un uomo!». Dall'appartamento accanto (le pareti sono così sottili!) il mio grido è stato recepito e una voce a me ben nota ha risposto: «Eccomi!». Può immaginare il mio stato d'animo e la vergogna dei miei genitori addolorati e sconvolti! Ora non oso più uscir di casa nel terrore di incontrare per le scale il mio vicino. Che fare? Mi consigli lei (*Lettrice in pena*).

Un atto di coraggio affrontare le scale e la probabilità di imbattersi nel vicino. Al quale rivolgerà un luminoso sorriso e qualche parola riabilitatrice: «La ringrazio per lo spiritosissimo "eccomi": ogni tanto cedo alla tentazione di scandalizzare i miei genitori e naturalmente poi me ne pento! Questa volta me ne ha fatto pentire spiritosamente lei!». E poiché da cosa nasce cosa, chissà che da questo incontro non nasca qualcosa di cui non abbia a pentirsi.

13

Dirigo dalla morte di mio marito una piccola fabbrica di manufatti che va abbastanza bene dati i momenti. Ho cinquantadue anni che non dimostro. Quest'estate, durante le vacanze al mare, ho conosciuto un barone, di origine siciliana, molto distinto, condizione economica non troppo buona da quanto ho capito. Ora avrei pensato di associarlo alla mia ditta, affidandogli il ramo dei rapporti con l'estero dato che parla correttamente le lingue. Quel che mi spaventa un pò è che mi è parso un pò megalomane, nulla è abbastanza raffinato e bello per lui e se questo ha i suoi lati buoni può non averli in un'azienda che si regge sulla stretta economia. Inoltre mi ha fatto capire che gli piaccio. Ora io ho già un legame solido con un ingegnere scapolo che non sposo perché viviamo bene così tutti e due. Non vorrei che tutto questo portasse confusione nella mia vita e nella mia azienda.. (*Incerta*).

Lato azienda: so di una piccola ditta che assunse come presidente un ex diplomatico dello stesso genere del suo barone. Appena insediato prese i seguenti provvedimenti: assunzione di una segretaria bella, strapagata, incompetente. Installazione di un mobile bar nel suo ufficio, perennemente rifornito del più costoso champagne. Macchina personale con autista sempre a sua disposizione,

bagnetto personale con doccia, adiacente al suo ufficio... e naturalmente stipendio adeguato. La ditta ne subì un serio collasso e non fu facile poi sbarazzarsi del signore. Lato personale: non le è venuto il dubbio che l'interesse che le dimostra il barone possa essere collegato a certi interessi non precisamente sentimentali? Che si tratti di un barone rampante?

14

Vivo in un paese della Sicilia, sono una bella donna e amo riamata mio marito che sarebbe un ottimo compagno buono e intelligente se non fosse possessivo e geloso. Infatti, non posso scambiare un sorriso o due parole con un amico, tutto diventa tragedia. Si figuri che per un certo periodo si era messo in testa che avessi una relazione con un negoziante del quartiere, cosa assolutamente sballata. Insomma, nonostante l'amore che ho per mio marito, anche dopo 10 anni di matrimonio, sono stanca di questa atmosfera, vorrei evadere, ho bisogno di pace. Potrei trasferirmi altrove, e vedere com'è la vita in altre città! Ma so che questo significherebbe la rottura del nostro matrimonio e la separazione dai miei due bambini che adoro. Non mi dica di discuterne con mio marito, è il classico maschio siciliano geloso e sospettoso. Sono abbastanza giovane, laureata in lingue e.. disperata! (*Caterina 44*).

E invece le consiglio proprio di discuterne con suo marito. Seriamente, e poi umoristicamente, comunque a fondo. Non gli dia pace, gli spieghi, gli dimostri che il suo comportamento è controproducente in quanto suscita in lei solo esasperazione e noia, e, quel che è peggio, glielo fa apparire ridicolo e meschino. Aggiunga che se continua a comportarsi con tanta insensatezza è decisa a rivolgersi a un avvocato. Servirà? Non servirà? La Sicilia ha radici profonde ma i tempi corrono e cambiano ovunque. Possibile che suo marito non se ne accorga?

15

Nostra figlia si sposerà fra due mesi, il futuro genero per quel che possiamo giudicare noi, è un bravo ragazzo con un lavoro che offrireb-

be possibilità di carriera ma con un terribile handicap, l'assoluta mancanza di saper vivere, a tavola in particolare. Ogni qualvolta viene a cena, per noi è una vera sofferenza. Più che seduto, sta stravaccato, con i gomiti talmente divaricati che debbo calcolargli un doppio posto quando apparecchio. Evito di servire brodi o minestre perché li ingurgita come lo scarico di un lavandino. I formaggi li porta alla bocca col coltello. Parla a bocca piena, s'infradicia regolarmente... insomma una frana. Al punto che l'altra figlia quando c'è lui preferisce uscire e mangiar fuori. Quando facciamo qualche lieve accenno a nostra figlia, questa ride e non dà importanza alla cosa. Pensi che non osiamo invitare altre persone insieme a lui a pranzo! So bene che lei non ha la bacchetta magica ma cerchi, se può, di aiutarci. (*M. F. Bergamo*).

Come aiutarvi, quando la sola persona che potrebbe forse avere una certa influenza su questo troglodita, e cioè vostra figlia, sorride anzi ride della sua mancanza assoluta di educazione facendosene, così, corresponsabile? Posso soltanto far notare alla ragazza che ricevo innumerevoli lettere di giovani spose le quali, passato il periodo esaltante dell'innamoramento si trovano a dover affrontare la dura realtà quotidiana, ahimè.

16

Mi limito a dirle che sono conosciuta come una ragazza seria, colta e, modestia a parte, bella. Ma pochi giorni fa sono entrata in apnea, ho scoperto che sono esclusa dalla realtà che più desidero: quella di poter conoscere meglio l'uomo che mi ha fatta sognare. Mi è capitato di dover andare da un dentista, e qui succede tutto. Si apre la porta dello studio e vedo un giovane medico (da discrete informazioni ho saputo che è libero) che mi offre e mi trasmette uno sguardo emozionante, direi travolgente. Entrando e sedendo vicino a lui mi sono sentita elettrizzata. Ho avuto altri due appuntamenti per una revisione. Da quel giorno riesco a fare solo viaggi accompagnata dalla mia emozione. Ma lui continua solo a essere gentilissimo. Mi sento disperata, come posso fare sì che questa persona entri nella mia vita? (*Vanessa 63*).

Se in tre appuntamenti il suo odontoiatra non ha capito il messaggio, non so che cosa consigliarle. Forse un'ulteriore visita col pretesto di un dente che le fa male? Se poi lui non scopre un'altra carie da curare, direi che è insensibile o ha altri interessi. E se provasse a svenire, mentre scende dalla poltrona fatale, cadendogli tra le braccia?

da «Lettere a Donna Letizia»,
Grazia, Mondadori

2. PARLARE PER UNO SCOPO

Raccontare una storia

1. • L'insegnante divide la storia in 4 parti, per esempio; poi divide la classe in gruppi di 4 studenti (o in numero corrispondente alle parti della storia).

   • Ad ognuno degli studenti, distribuisce un foglio contenente solo una parte della storia, con l'istruzione di leggerla attentamente, per circa 5 minuti. Quindi ritira i fogli.

   • A turno gli studenti riferiscono la propria parte di storia agli altri componenti del gruppo, allo scopo di ricostruire per intero la sequenza narrativa.

   • Ogni gruppo sceglie un portavoce che racconta al resto della classe la versione finale del proprio gruppo.

   • Discussione plenaria.

   • L'insegnante distribuisce la versione originale della storia.

ATTENZIONE: l'esercizio richiede la riproduzione dei testi da distribuire ai componenti dei vari gruppi.

2. L'insegnante fa preparare agli studenti una favola di loro scelta da raccontare alla classe la volta successiva.

Fiabe italiane

E sette!

C'era una donna con una figlia grande e grossa e tanto mangiona che quando sua madre portava a tavola il minestrone lei ne mangiava un piatto, ne mangiava un secondo, ne mangiava un terzo e continuava a chiederne. E la madre le riempiva il piatto e diceva: – E tre!... E quattro!... E cinque! – Quando la figlia le chiedeva il settimo piatto di minestrone, la madre invece di riempirle il piatto, le dava una bastonata in testa, gridando: – E sette!

Passava di lí un giovane ben vestito, e vide dalla finestra la madre che batteva la figlia gridando: – E sette!

Siccome quella bella giovane cosí grande e grossa gli piacque subito, entrò e chiese: – Sette di che cosa?

La madre si vergognava di avere una figlia cosí mangiona, e disse: – Sette fusi di canapa! Ho una figlia cosí matta per il lavoro che filerebbe la lana anche addosso alle pecore! Figuratevi che stamattina ha già filato sette fusi di canapa e non ne ha ancora basta! Per farla smettere devo prenderla a bastonate!

– Se è cosí, datemela a me, – disse il giovanotto. – Farò la prova per vedere se è vero, e poi la sposerò.

La portò a casa sua, e la chiuse in una camera piena di canapa da filare. – Io sono capitano di mare, e parto per un viaggio, – disse. – Se quando torno avrai filato tutta questa canapa, ti sposo.

Nella stanza c'erano anche bei vestiti e bei gioielli, perché il capitano era molto ricco. – Quando sarai mia moglie, tutta questa roba sarà tua, – disse, e se ne andò.

La ragazza passava le giornate a mettersi gioielli e vestiti e a guardarsi allo specchio. E a farsi far da mangiare dalle serve di casa. E la canapa era sempre lí da filare. Ormai era l'ultimo giorno, e l'indomani sarebbe arrivato il capitano; la ragazza pensò che non sarebbe mai diventata sua sposa e si mise a piangere e a disperarsi. Era lí che piangeva e si disperava, quando per la finestra volò un pacco di stracci e cadde nella stanza. Il pacco di stracci s'alzò in piedi ed era una vecchia dalle lunghe ciglia. La vecchia disse:

– Non aver paura, sono venuta per aiutarti. Io filo e tu fai la matassa.

Mai s'era vista una filatrice piú veloce di quella vecchia: in un quarto d'ora tutta la canapa era bell'e filata. E piú filava e piú le venivano lunghe le ciglia, piú lunghe del naso, piú lunghe del mento, s'allungarono piú d'un palmo e le palpebre s'allungarono anch'esse.

Quando il lavoro fu finito, la ragazza disse: – Come posso fare per ricompensarvi, buona donna?

– Non voglio ricompensa, mi basta che tu m'inviti al pranzo di nozze quando ti sposerai col capitano.

– E come farò ad invitarti?

– Basta che tu chiami: « Columbina! », e io vengo. Ma guai se ti dimenticherai il mio nome. Sarà lo stesso che non ti avessi aiutato e tu sarai perduta.

L'indomani arrivò il capitano e trovò la canapa tutta filata.
– Brava, – disse. – Credo proprio che tu sia la sposa che volevo.
Eccoti i gioielli e i vestiti che ho comprato per te. Ma adesso devo
partire per un altro viaggio. Facciamo una seconda prova. Eccoti
un carico di canapa il doppio dell'altro e se quando sarò tornato
l'avrai filata tutta, ti sposerò.

La ragazza, come prima, passò il tempo a misurarsi vestiti e
gioielli, a mangiare minestrone e lasagne, e arrivò all'ultimo giorno con tutta la canapa ancora da filare. Si mise a piangere, ma ecco
che sentí cadere qualcosa dalla cappa del camino e vide un pacco
di stracci rotolare nella stanza. Il pacco di stracci s'alzò in piedi ed
era una vecchia dalle labbra penzoloni. Anche questa le promise il
suo aiuto, si mise a filare ed era piú veloce dell'altra, e piú filava e
piú le labbra le si allungavano. Quando in mezz'ora la canapa fu
tutta filata, la vecchia non chiese altra ricompensa che d'essere invitata al banchetto di nozze. – Basta che chiami: « Columbara! »;
ma non scordarti il mio nome, se no il mio aiuto sarà stato inutile e
guai a te!

Tornò il capitano e chiese fin dalla strada: – L'hai filata tutta?

E la ragazza: – Eh! da quell'ora!

– Tieni questi vestiti e questi gioielli. Stavolta, se quando io
torno dal mio terzo viaggio avrai filato questo terzo carico di canapa piú grosso degli altri due, ti prometto che celebreremo subito
le nozze.

Stavolta, quando, come al solito, la ragazza s'era ridotta all'ultimo giorno senz'aver filato neanche un fuso, cadde un pacco di
stracci giú dalla grondaia, e ne venne fuori una vecchia coi denti
in fuori. Si mise a filare, presto, sempre piú presto, e piú filava e
piú i denti le crescevano.

– Per invitarmi al tuo banchetto di nozze, – disse la vecchia,
– devi chiamare: « Columbun! »; ma se ti dimenticassi il mio nome, sarebbe meglio per te non avermi mai vista.

Il capitano quando arrivò e vide la canapa filata, fu tutto soddisfatto: – Bene, – disse, – allora sarai mia moglie, – e cominciò
a dar ordini per la cerimonia e ad invitare tutti i signori del
paese.

La sposa, tutta presa nei preparativi, non aveva piú pensato alle tre vecchie. Al mattino delle nozze, si ricordò che doveva invi-
tarle, ma quando fece per pronunciare i loro nomi, s'accorse che le
erano del tutto sfuggiti di mente. Si mise a pensare, a lambiccarsi
il cervello: macché, non c'era verso che se ne ricordasse neanche uno.

Da allegra che era, cadde in una tristezza senza fondo. Il capitano se ne accorse, e le domandò cos'aveva; e lei zitta. Non riuscendo a spiegare quella melanconia, lo sposo pensò: «Forse non è la giornata adatta», e rimandò le nozze l'indomani. L'indomani era ancor peggio, e il giorno dopo non ne parliamo; piú passavano i giorni piú la sposa era triste e silenziosa, con la fronte corrugata come se volesse concentrarsi in un pensiero. Lui cercava di farla ridere, le faceva scherzi, le raccontava storielle, ma non c'era nulla da fare.

Lo sposo, visto che non poteva consolare lei, cercò di consolarsi lui, e un mattino andò a caccia. Lo prese un temporale in mezzo al bosco e si rifugiò in un casolare. Era lí nel buio, quando sentí delle voci.

— O Columbina!

— O Columbara!

— O Columbun!

— Mettete la marmitta per fare la polenta! Questa maledetta sposa non ci invita piú al suo banchetto!

Il capitano si voltò e vide tre vecchie: una con le ciglia che spazzavano terra, un'altra con le labbra che le pendevano fino ai piedi, e una terza con i denti che le grattavano le ginocchia.

«Guarda, — pensò, — ora so cosa raccontarle per farla ridere. Se non ride di quel che ho visto ora, non riderà mai! »

Tornò a casa e disse alla sposa: — Stammi a sentire: oggi ero nel bosco e sono entrato in un casolare per ripararmi dalla pioggia. Entro e cosa vedo? Tre vecchie: una con le ciglia che spazzavano terra, una con le labbra che lappavano i piedi e la terza con i denti che le grattavano le ginocchia. E si chiamavano: «O Columbina! », «O Columbara! », «O Columbun! »

La sposa si rischiarò subito in viso, scoppiò in una risata che non finiva piú e disse: — Ordina subito il pranzo di nozze; ma ti chiedo una grazia. Visto che quelle tre vecchie mi fanno tanto ridere, lascia che le inviti al pranzo.

Cosí fu fatto. Per le tre vecchie fu preparato un tavolo rotondo da parte, ma cosí piccolo che tra le ciglia dell'una, le labbra dell'altra e i denti della terza non si capiva piú niente.

Finito il pranzo, lo sposo domandò a Columbina: — Ma ditemi, come mai avete le ciglia cosí lunghe, buona donna?

— È per aver aguzzato gli occhi a fare il filo fino! — disse Columbina.

— E voi, come mai avete le labbra cosí grosse?

— È a forza di passarci il dito per inumidire il filo! — disse Columbara.

— E voi, come mai avete i denti cosí lunghi?

— È a furia di mordere il nodo del filo! — disse Columbun.

— Ho capito, — disse lo sposo, e fece alla moglie: — Va' a prendere il fuso, — e quando glielo portò, lo buttò nel fuoco del camino. — Tu non filerai piú per tutta la tua vita!

Cosí la sposa grande e grossa visse felice e contenta da quel giorno in poi.

(*Riviera ligure di ponente*).

da I. Calvino, *Fiabe Italiane*, Einaudi, Torino 1956

ASCOLTARE E GIOCARE

Rompicapo

1. Gli studenti leggono attentamente uno dei rompicapo, e, per scoprire esattamente quello che è successo, rivolgono all'insegnante tutte le domande utili al chiarimento della situazione.

2. Ogni rompicapo richiede almeno 10 minuti di domande, risposte, ipotesi, ecc.

3. Dopo che la classe ha risolto due o tre rompicapo intervistando l'insegnante, tutto il gruppo può continuare a lavorare insieme sotto la guida di uno o più studenti, oppure, si può dividere la classe in gruppetti di 5 o 6 persone sotto la direzione di uno studente. In tal caso per ogni rompicapo l'insegnante darà la soluzione di volta in volta a chi ha l'incarico di dirigere il gruppo.
   È bene evitare di dare il foglio contenente tutte le soluzioni. Ciò garantisce di mantenere il «segreto» e permette di cambiare responsabile ad ogni rompicapo, se si ritiene opportuno.

SOLUZIONI

1. L'uomo si è buttato giù da un areoplano col paracadute, ma questo non si è aperto.
2. La ragazza sa che lui è un bugiardo.
3. La donna e chi ha fatto la telefonata sono ospiti dello stesso albergo. Non si conoscono, ma occupano due stanze attigue. La donna non fa dormire il suo vicino perché russa.
4. È giorno.
5. I due prigionieri erano scappati a cavallo. Il cavallo era stato ferrato al contrario, così che le sue orme sembravano andare da Y a X.
6. Sono due ufficiali della Marina che vedono nel periscopio del loro sommergibile un cacciatorpediniere e fanno immersione.
7. L'uomo ha il singhiozzo e vuole bere per farselo passare. Vedendo la pistola puntata si mette paura e gli passa il disturbo.
8. Il chirurgo è una donna.
9. Il tipo strano è un bambino o un nano che non arriva a premere il bottone giusto sulla tastiera dell'ascensore. Se sale da solo deve scendere prima.
10. L'uomo era cieco e è andato a B dall'oculista che gli ha ridato la vista con un'operazione. Attraversando la galleria, ha pensato di essere ridiventato cieco e si è tolto la vita.
11. La coppia era quella di due pesci rossi che il cane ha lasciato all'asciutto rompendo la vasca in cui nuotavano.
12. L'uomo è il guardiano di un faro. Si uccide per i rimorsi dopo aver provocato un incidente spegnendo la luce.
13. La donna è una gemella siamese la cui gemella, sebbene innocente, è stata dichiarata colpevole.
14. L'uomo era un pescatore che raccontava con entusiasmo al telefono di aver appena preso un pesce enorme. Nel far questo, ha rotto i vetri della cabina.
15. Il soldato era negro.

Avventura nello spazio

1. Leggere attentamente con gli studenti le istruzioni.

2. Gli studenti lavorano individualmente per 10 minuti circa.

3. Si dividono in gruppetti di 5 o 6 persone e confrontano le loro scelte per arrivare a una comune decisione, per 15 minuti circa.

4. I gruppetti si riuniscono, si comunicano a vicenda le decisioni prese e le motivazioni che le hanno suggerite e ne discutono insieme.

Ecco qua la vostra vera età
A quale animale somigli?
Qual è la tua nevrosi?
E tu che fantasma diventerai?

1. L'insegnante legge i quesiti del test a tutti gli studenti che, durante l'ascolto, mettono le proprie risposte sui fogli in loro possesso.

2. Ad ascolto terminato, si procede al conteggio e alla valutazione.

Se fosse

Seguire le istruzioni presentate nell'esempio (la cui soluzione è l'avv. Agnelli).

Ecco qua la vostra vera età

Questo test vi permette di stabilire la vostra "età effettiva" (un insieme di esperienze, gusti, umori, comportamenti ecc.), la vostra "età del cuore" e la vostra "età mentale" (della maturità intellettuale). Provate

Roma. Per cercare di dimenticare quella deprimente convenzione costituita dall'età anagrafica, l'uomo non ha mai smesso di rifugiarsi in resistenti autoinganni: dalle frasi fatte che inducono ad effimere consolazioni (« la vita comincia a 40 anni », « la vera età è quella che sentiamo di avere ») ai piccoli espedienti quotidiani per nascondere un paio di primavere, spianare una ruga, rinverdire una canizie.

Il gioco in forma di test che qui pubblichiamo, ideato da Walter Lewino del "Nouvel Observateur", vuole invece portare un po' di metodo all'illusione della cosmesi. Se fatto a dovere, esso vi farà scoprire la vostra età (un bel misto di moti dell'anima, esperienze, gusti, comportamenti e gesti spontanei), attraverso domande apparentemente futili che qualche volta vi chiamano a giudizi seri. Consapevoli, però, della complessità del compito (come non tener conto che si può essere freddi calcolatori nella vita sociale e cuccioli sperduti in quella sentimentale?) gli autori del test hanno sapientemente calcolato anche altre due età: "l'età del cuore" (emotiva e sessuale) e "l'età mentale" (o dell'efficienza e maturità intellettuale) permettendovi di calcolare la distanza tra quelle parti di voi stessi non sempre in armonia.

Compilate il test con spontaneità, scegliendo la prima risposta che vi viene in mente, senza correzioni o ripensamenti. Date una sola risposta per ogni domanda e se nessuna delle cinque indicazioni corrisponde esattamente a ciò che pensate, scegliete quella che vi si avvicina di più.

E se poi il dongiovanni si scoprirà una sessualità centenaria e il manager potente l'età mentale di suo figlio, meglio non prendersela. La vera sconfitta, in questo gioco, è una sola: l'intramontabile, onnipresente, insopportabile età legale che, come vedrete, quasi mai corrisponde alla vostra nuova « età effettiva ».

E adesso cominciate. Raccomandazione: rispondete con spontaneità, senza indugiare troppo.

---

1 **Per la riuscita di un matrimonio, è più importante:**

a) amarsi
b) infischiarsene
c) capirsi profondamente
d) rispettarsi
e) mentirsi

2 **Avete scritto un romanzo poliziesco. Chi è l'assassino?**

a) Il commissario incaricato delle indagini
b) Nessuno. E' un suicidio mascherato da omicidio
c) Lo scemo del villaggio
d) Il figlio della vittima
e) Un robot deluso in amore

3 **Con quale di questi personaggi illustrereste la prossima banconota da 100 mila lire?**

a) Totò
b) Paolo Rossi
c) Anna Magnani
d) Alberto Moravia
e) Domenico Modugno

4 **Cosa vi piacerebbe dire al vostro principale?**

a) Va a farti fottere!
b) Non me ne frega un c.!
c) Ben detto, cretino!
d) Hai fatto il tuo tempo, scansati!
e) Questo passa il convento!

5 **Il mestiere peggiore:**

a) commerciante
b) impiegato statale
c) militare
d) ruffiano
e) psicoanalista

6 **A quale delle seguenti cose rinuncereste senza sforzo?**

a) Libretto degli assegni
b) Automobile
c) Collezione di dischi
d) Orologio da polso
e) Biancheria intima

23

7 Quale difetto fisico augurereste al vostro peggior nemico?

a) Asma
b) Calvizie
c) Balbuzie
d) Stitichezza
e) Strabismo

8 Il tipo di pensionamento ideale:

a) A 70 anni con il massimo dello stipendio
b) Diminuzione progressiva del lavoro e dello stipendio
c) Come oggi
d) A 60 anni con ½ stipendio
e) Soppressione delle pensioni

9 L'invenzione più bella:

a) Aereo
b) Cinema
c) Penicillina
d) Pillola antifecondativa
e) Telefono

10 Avete orrore delle donne in:

a) Calzoni di pelle
b) Gonna-pantaloni
c) Reggicalze
d) Tuta con bretelle
e) Tailleur

11 Avete orrore degli uomini in:

a) Slip anatomici
b) Cappello
c) Pantofole
d) Vestito intero e gilet
e) Shorts

12 Vi sarebbe piaciuto avere Jean-Paul Sartre come:

a) Nonno
b) Padre
c) Zio
d) Fratello
e) Figlio

13 E' in arrivo la depressione. Che fare?

a) Andare al cinema
b) Rincantucciarsi in fondo al letto
c) Ubriacarsi
d) Ascoltare della musica
e) Andarsene in giro a caso

14 Siete il regista di un film. Dove girate la scena del primo bacio?

a) In una cabina telefonica
b) In riva al mare
c) In una camera d'albergo
d) Nella metropolitana
e) In un ospedale

15 Vi piacerebbe discendere da:

a) Giovanni dalle Bande Nere
b) Einstein
c) Leonardo da Vinci
d) Luigi XIV
e) Gabriele d'Annunzio

16 Che ne fate delle lettere d'amore?

a) Le nascondete
b) Le bruciate
c) Le lasciate in giro
d) Le perdete
e) Le restituite

17 Quale vino sceglireste per rappresentare l'Italia nel mondo?

a) Barolo
b) Chianti
c) Spumante
d) Marsala
e) Lambrusco

18 Con quale brano musicale sostituireste l'inno di Mameli?

a) La "Marcia trionfale" dell'Aida
b) "Bella ciao"
c) "Viva l'Italia" di De Gregori
d) "O' sole mio"
e) "La primavera" dalle "Quattro stagioni" di Vivaldi

19 Abolireste subito:

a) I cani nelle città
b) Le mance
c) Lo sport in televisione
d) Le cerimonie ufficiali
e) I posteggi a pagamento

20 State partendo per le vacanze. Dove nascondete denaro e gioielli?

a) Nel secchio della spazzatura
b) In mezzo a una pila di biancheria
c) In un libro in biblioteca
d) In un vecchio cappotto
e) Nel freezer

21 Potreste al limite:

a) Chiedere le 10 lire per la strada
b) Recitare in un film porno
c) Denunciare un criminale
d) Confessarvi in pubblico
e) Posare per un manifesto elettorale

22 Siete grati agli americani per:

a) Gli autogrill
b) Il jazz
c) I jeans
d) La Liberazione
e) I western

23 Rimproverate agli americani:

a) La Coca-Cola
b) I grattacieli
c) Gli hippies
d) I supermercati
e) Il chewing-gum

24 Sognate una casa con:

a) Garage
b) Giardino
c) Soffitta
d) Caminetto acceso
e) Stanza per la servitù

A quale animale somigli?

di STEFANIA ROSSINI

**Rispondete alle domande, analizzate i risultati secondo le istruzioni.
Scoprirete a quale animale, aggressivo o pacifico,
simpatico o scostante, si avvicina di più il vostro carattere**

In ogni essere umano cova, sopita ma non sconfitta, la bestia di una volta. Millenni di civilizzazione, di faticoso addestramento alla società, l'hanno però costretto a mostrarsi, raramente e quasi furtivamente, in una piega del carattere, in un improvviso moto di fuga, in un approccio aggressivo o eccessivamente timoroso. Alcuni studiosi si industriano a rintracciare il lungo cammino dell'evoluzione nelle successive stratificazioni del cervello, altri ricordano quei due o tre elementi (linguaggio, autoconsapevolezza, capacità simbolica) che ci avrebbero separato definitivamente dagli animali. Altri ancora continuano a cercare sul campo, tra i popoli primitivi, il livello di animalità presente tuttora nell'individuo umano, sia pure in popoli che si trovano oggi in uno stadio di civiltà paragonabile al Neolitico.

Da parte nostra, ci siamo limitati ad affrontare il problema con un test. E se la bestia c'è, spunterà fuori.

Magari vi sentite una formica che non ha mai vissuto un giorno da cicala, o magari credete che, in un mondo di lupi, le unghie manchino soltanto a voi. Alla vista di una scimmietta, sorridete; al solo pensiero di una puzzola, indietreggiate.

Questo test potrebbe invece svelarvi che la bestia dentro di voi è proprio quella che ritenevate più estranea al vostro carattere.

Aiutarvi a « riscoprire il semplice animale in quell'essere complesso che è l'uomo », come scrisse Goethe, è, in questo caso, solo un gioco. Ma fatelo coscienziosamente. Date una sola risposta per ogni domanda e se nessuna delle 5 indicazioni corrisponde perfettamente a ciò che pensate, scegliete quella che vi si avvicina di più. Non barate e non correggete. A maggior ragione, in un test sull'"animalità", è la prima risposta istintiva quella che conta.

E se il debole si sorprenderà a trovarsi un cuore da leone e l'aggressivo si vedrà catalogato tra i più miti dei cagnoni, non prendetevela. Ora che è stata smascherata, la bestia così ben accucciata dentro di voi, potrebbe di tanto in tanto venirvi provvidenzialmente in aiuto.

· L'ESPRESSO 27 DICEMBRE 1981

1 In un gruppo (politico, di lavoro, di amici) qual è la vostra collocazione naturale?

a) Leader indiscusso . . . . .
b) Braccio destro del leader .
c) Isolato, emarginato . . . .
d) Alla stregua degli altri . . .
e) Buontempone e animatore .

2 Cosa salvereste da un diluvio universale?

a) La Gioconda . . . .
b) La Bibbia . . . .
c) Un mazzo di carte da gioco
d) Il vostro portafortuna . . .
e) Il poster di Marilyn Monroe

3 Vi è difficile rinunciare a:

a) Un buon sonno . . . . . .
b) Un bagno o una doccia . .
c) Una chiacchierata con gli amici . . . .
d) Un buon pasto . . . . . .
c) Un rapporto sessuale . . .

4 L'adulterio per voi è:

a) Eccitante . . . .
b) Rigenerante . . . .
c) Faticoso . . . .
d) Inutile . . . .
e) Normale . . . .

5 L'adulterio del vostro partner è:

a) Eccitante . . . .
b) Ridicolo . . . .
c) Mortificante . . . .
d) Insopportabile . . . . . .
e) Normale . . . .

6 Il sapore preferito:

c) Anice . . . .
b) Menta . . . .
c) Liquirizia . . . .
d) Rabarbaro . . . .
e) Pino . . . .

7 Di chi vi sentite davvero orfani?

a) Dio . . . .
b) Marx . . . .
c) Freud . . . .
d) Lo Stato . . . . . .
e) La famiglia . . . . .

8 Scegliete uno di questi proverbi:

a) Meglio un giorno da leoni che cento da pecora . . . .
b) Chi fa l'agnello, il lupo se lo mangia . . . .
c) Chi dorme non piglia pesci .
d) Il lupo perde il pelo ma non il vizio . . . .
e) Tanto va la gatta al lardo che ci lascia lo zampino . .

9 Di fronte a un insuccesso, ve la prendete con:

a) La sfortuna . . . .
b) Gli altri . . . .
c) Voi stessi . . . . . .
d) La società . . . . . .
e) Le circostanze . . . . . .

10 Di quale fra le seguenti comodità fareste più facilmente a meno?

a) Telefono . . . .
b) Televisore . . . .
c) Automobile . . . . . .
d) Giradischi . . . .
e) Riscaldamento . . . . .

11 Quale tipo di musica vi distende di più?

a) Una romanza . . . . .
b) Un blues . . . .
c) Un rock . . . .
d) Una sinfonia . . . . .
e) Una canzonetta . . . .

12 A quale tipo di rito collettivo partecipate più volentieri?

a) Una veglia . . . .
b) Una marcia . . . . . .
c) Una messa . . . . . .
d) Un comizio . . . . . .
e) Un happening . . . . . .

13 Assistendo al film "King Kong" avete parteggiato istintivamente:

a) Per lo scimmione . . . . .
b) Per la bella . . . . . .
c) Per tutti e due in coppia . .
d) Per la polizia . . . . .
e) Per nessuno, perché « al cinema non mi lascio coinvolgere » . . . .

14 Potendo arredare completamente una casa nuova, che stile sceglireste?

a) Moderno essenziale . . . .
b) Liberty . . . .
c) Molti stili mischiati casualmente . . . .
d) Un giusto equilibrio di antico e moderno . . . .
e) Vi affidereste a un architetto di grido . . . . . .

15 Che cosa apprezzate di più nel vostro prossimo?

a) La fantasia . . . . . .
b) L'onestà . . . .
c) La cultura . . . . . .
d) La bellezza . . . . . .
e) Il successo . . . . . .

16 Che cosa invidiate di più al vostro prossimo?

a) La fantasia . . . . . .
b) L'onestà . . . .
c) La cultura . . . . . .
d) La bellezza . . . . . .
e) Il successo . . . . . .

17 Uno solo dei seguenti desideri potrà esservi esaudito:

a) Ricchezza . . . . . .
b) Bellezza . . . .
c) Potere . . . .
d) Serenità . . . . . .
e) Salute . . . .

18 Come intendete difendervi dall'inflazione?

a) Spendendo fino all'ultima lira . . . .
b) Acquistando Buoni del Tesoro . . . .
c) Giocando in Borsa . . . .
d) Investendo in immobili . .
e) Aprendo un conto in Svizzera . . . .

19 Quanto avete pianto assistendo al "Bambi" di Walt Disney?

a) Quasi ininterrottamente . .
b) Molto . . . .
c) Solo alla morte della mamma
d) Non ricordo di aver pianto .
c) Non ho visto "Bambi" . . .

20 Sotto quale segno zodiacale dovrebbe esser nato il partner ideale?

a) Toro . . . .
b) Leone . . . .
c) Capricorno . . . . . .
d) Pesci . . . .
e) Scorpione . . . . . .

21 Qual è la cosa che vi fa più orrore?

a) Il vuoto . . . .
b) Un topo . . . .
c) Il dolore fisico . . . . .
d) Un serpente . . . . . .
e) Il terrorismo . . . . . .

L'Espresso - 27 dicembre 1981

Qual è la tua nevrosi?

Rispondendo al questionario scoprirete il vostro profilo nevrotico dominante. Potrete scegliere tra: aggressività, depressione, paranoia, megalomania...

Roma. Sentirsi dare del "nevrotico", attribuire a qualcuno una bella nevrosi, non è più da tempo considerato un insulto. Se ne parla, al contrario, con quel po' di condiscendenza bonaria che fa capire trattarsi di peccato veniale, piccola mania che rende più misterioso un carattere, neo enigmatico che contraddistingue le persone di fascino da quelle piatte e monocordi.

Per rendere più attraente una conversazione, più compiaciuta un'autodenigrazione, manca spesso però quel tanto di precisione che potrebbe farci apparire degli "esperti". Si tratterà di depressione o di mania, di ossessione o di fobia? Inutile rivolgersi allo psicoanalista. I più vi ascolteranno in mesto silenzio per svariati anni, e non è detto che una volta decretata la "guarigione" abbiate la soddisfazione di sapere "cosa" eravate. Qualche chance in più con lo psicologo, specie se fresco di studi di una di quelle brillanti fabbriche di diagnostica spicciola che sono le nostre facoltà di psicologia. Successo assicurato, infine, rivolgendosi a una delle innumerevoli rubriche delle televisioni private.

Per togliere pathos a una ricerca e facilitarvi il compito vi presentiamo un test ideato da Walter Lewino e Christine Deymard del "Nouvel Observateur" che, attraverso molte domande innocenti e qualche quesito perverso, vi accompagnerà a scoprire non solo la vostra "nevrosi dominante" e il vostro "tasso nevrotico complessivo", ma anche i caratteri più evidenti del vostro comportamento anomalo.

Aiutarvi a scoprire che tipo di nevrosi possedete è, naturalmente, solo un gioco. Ma fatelo coscienziosamente. Date una sola risposta per ogni domanda e se nessuna delle 6 indicazioni corrisponde perfettamente a ciò che pensate, scegliete quella che vi si avvicina di più. Non barate e non correggete. A maggior ragione, in un test sulla vostra nevrosi nascosta, è la prima risposta istintiva quella che conta. Dopo aver dato le risposte leggete le istruzioni e trovate il vostro "profilo nevrotico". **S. R.**

1 Per riuscire nella vita, bisogna avere:

a) Faccia tosta
b) Perseveranza
c) Fortuna
d) Entusiasmo
e) Servilismo
f) Furbizia

2 Durante la notte una sassata rompe il vetro della finestra. Come reagite?

a) Urlate
b) Raccogliete il sasso
c) Spegnete la luce
d) Sbarrate le imposte
e) Vi precipitate alla finestra
f) Svegliate tutta la famiglia

3 Detestate le persone:

a) Superstiziose
b) Ritardatarie
c) Piene di tic
d) Disordinate
e) Piagnucolose
f) Affettate

4 Considerate l'incesto:

a) Normale
b) Perverso
c) Fatale
d) Immorale
e) Affascinante
f) Inconcepibile

5 Quale tra le seguenti cose vi sembra più assurda?

a) Spettacoli estivi nelle città
b) Esami di maturità
c) Test psicologici
d) Viaggi organizzati
e) Vendite a rate
f) Corse automobilistiche

6 Preferireste morire:

a) D'amore
b) Da eroe
c) Dal ridere
d) Di un colpo
e) Di dolore
f) Di vecchiaia

7 Provate ripugnanza per:

a) Una bocca sdentata
b) Cerotti e garze usati
c) Unghie nere
d) L'odore di urina
e) Piedi sporchi
f) Lenzuola macchiate

8 Dimenticate facilmente:

a) I nomi
b) I volti
c) I dispiaceri
d) Le gioie
e) Le promesse
f) I propositi di vendetta

14 L'ubbidienza è segno di:

a) Amore
b) Sottomissione
c) Vigliaccheria
d) Calcolo
e) Disprezzo
f) Ambizione

20 Il male peggiore:

a) La miseria
b) La guerra
c) La memoria
d) Il denaro
e) Il cancro
f) L'odio

9 Vi fermate per far salire un autostoppista. Si tratta di:

a) Un contadino
b) Un bambino
c) Un pazzo
d) Un prete
e) Un cieco
f) Uno studente

15 La vostra prima umiliazione la dovete a:

a) Vostro padre o vostra madre
b) Un(a) amico (a)
c) Un principale o un capo
d) Un maestro o un professore
e) Uno sconosciuto
f) Un gruppo

21 Almeno una volta vi piacerebbe:

a) Viaggiare in una Rolls
b) Schiaffeggiare un poliziotto
c) Conoscere il futuro
d) Essere invitato al Quirinale
e) Perdere 100 milioni al gioco
f) Leggere nel pensiero

10 A occhi chiusi, stendete le mani davanti a voi. Che immaginate di trovare?

a) Un muro
b) Il vuoto
c) Il viso della persona amata
d) Altre mani
e) Una massa vischiosa
f) Un corpo

16 Per voi la solitudine è:

a) Vecchio su una panchina
b) Bambino in ospedale
c) Pendolare nel primo bus
d) Coppia davanti alla tv
e) Cane alla catena
f) Donna dietro una finestra

22 Di tanto in tanto, per voi è importante:

a) Camminare
b) Parlare
c) Spendere
d) Cantare
e) Fantasticare
f) Guardarvi allo specchio

11 Non riuscite a dormire:

a) In una casa vuota
b) Senza cuscino
c) Al buio
d) Soli
e) In due
f) Con la finestra aperta

17 Dareste il voto a un deputato:

a) Bello
b) Intelligente
c) Simpatico
d) Attivo
e) Ricco
f) Povero

23 Non vi siete mai perdonati:

a) Aver lasciato gli studi
b) Non comprendere un amico
c) Non reagire all'insulto
d) Vergognarsi dei genitori
e) Non aver detto "ti amo"
f) Aver augurato la morte

12 Per voi un giardino significa soprattutto:

a) Alberi
b) Erba
c) Aria
d) Terra
e) Acqua
f) Fiori

18 Sognate che lui (lei) vi dica:

a) Rimani!
b) Vattene!
c) Per piacere!
d) Mai!
e) Perdono!
f) Finalmente!

24 Dovete partire improvvisamente. Oltre all'indispensabile, portate con voi:

a) Il vostro portafortuna
b) Un ricordo di famiglia
c) Gli accessori da toletta
d) Le vostre lettere personali
e) Una fotografia
f) Un libro

13 Siete sensibili a:

a) I suoi capelli
b) I suoi occhi
c) I suoi denti
d) La sua voce
e) Le sue mani
f) La sua andatura

19 Venite a sapere che vostra madre è un'ex prostituta:

a) Ve ne infischiate
b) La consolate
c) Non ci credete
d) Le chiedete spiegazioni
e) Fate finta di non saperlo
f) Le serbate rancore

25 Cosa pensate dei truffatori?

a) Lo siamo tutti, più o meno
b) Alcuni sono dei geni
c) Canaglie che non rischiano
d) Bene se colpiscono i ricchi
e) Peggio per chi ci casca
f) Sono organici alla società

E tu, che fantasma diventerai?

Rispondete alle domande del test e scoprirete che tipo di spettro siete destinati a diventare: se saggio o burlone, diabolico o fanfarone, perturbatore o...

Ciascuno di noi è destinato a diventare uno spettro, assicurano i nuovi competenti e le vecchie leggende. Ma non crediate che il trapasso da uno stato all'altro sia semplice e automatico.

A parte la diversa consistenza e materialità, a definire le nostre future caratteristiche di fantasma non saranno tanto virtù e difetti terreni, quanto il grado di cultura e di libidine, l'età mentale o il senso dell'umorismo.

Per sapere che tipo di fantasma

sarete, rispondete coscienziosamente alle 25 domande che seguono. Date una sola risposta per ogni domanda, e se nessuna delle 5 indicazioni corrisponde perfettamente a ciò che pensate, scegliete quella che vi si avvicina di più. Non riflettete troppo e non barate.

Se i risultati non corrisponderanno alle vostre aspettative o al futuro eterno che vi state preparando, non prendetevela. Avete ancora molto tempo per addestrarvi a diventare un fantasma accettabile.

ISTRUZIONI

Riportate nelle caselle che seguono le risposte che avete dato alle 25 domande. A ciascuna delle vostre risposte potrà corrispondere sia una lettera (F, G, I, L, M, S, T), sia nulla. Sommate le lettere che avete ottenuto in tutte le risposte e riportatele nel riquadro in fondo alla pagina.

1 — Cosa disegnate quando siete sovrappensiero?

a) Spirali ☐
b) Cerchi ☐
c) Profili o sagome ☐
d) Figure geometriche ☐
e) Freccette ☐

2 — Alle elementari eravate:

a) Il capoclasse ☐
b) Svogliato ☐
c) Piagnone ☐
d) Un po' spione ☐
e) Secchione ☐

3 — Avreste voluto essere il cameriere di:

a) Einstein ☐
b) Freud ☐
c) Cagliostro ☐
d) Proust ☐
e) Napoleone ☐

4 — La notte è:

a) Riposo ☐
b) Intimità ☐
c) Voluttà ☐
d) Paura ☐
e) Inerzia ☐

5 — Scegliete un costume per il prossimo carnevale:

a) Efebo/Ninfa ☐
b) Sceicco/Odalisca ☐
c) Vampiro/Prostituta ☐
d) Arlecchino/Colombina ☐
e) Viveur/Bella Otero ☐

6 — Quale cattivo delle favole giustificate di più?

a) Il lupo di Cappuccetto rosso ☐
b) La matrigna di Cenerentola ☐
c) La strega di Biancaneve ☐
d) L'orco di Pollicino ☐
e) Barbablù ☐

7 — L'odore meno sgradevole:

a) Benzina ☐
b) Zolfo ☐
c) Ammoniaca ☐
d) Sudore ☐
e) Gas ☐

8 — Di quale disturbo soffrite periodicamente?

a) Cefalea ☐
b) Stitichezza ☐
c) Raffeddore ☐
d) Reumatismi ☐
e) Calli ☐

9 Il bacio è:

a) Un morso sublimato ☐
b) Una tenerezza ☐
c) Un preludio ☐
d) Una convenzione ☐
e) Una lusinga ☐

10 Un anno di vacanza lo dedicate a:

a) Dormire ☐
b) Viaggiare ☐
c) Giocare ☐
d) Studiare ☐
e) Riflettere ☐

11 Appena arrivati a Parigi vi precipitate:

a) Al Louvre per ammirare la Gioconda ☐
b) Chez Maxime per mangiare da re ☐
c) Al Crazy Horse per vedere lo strip-tease ☐
d) A Versailles per tuffarvi nella Storia ☐
e) Al Beaubourg per incontrare l'intellettuale di grido del momento ☐

12 L'Inferno in terra è:

a) Il rimpianto ☐
b) Il tempo ☐
c) L'oblio ☐
d) La ragione ☐
e) L'ignoto ☐

13 Il paradiso perduto è:

a) L'infanzia ☐
b) Una spiaggia incontaminata ☐
c) La rivoluzione sessuale ☐
d) Il primo amore ☐
e) La famiglia patriarcale ☐

14 Quale dei seguenti film rivedreste con maggior piacere?

a) Un lupo mannaro a Londra ☐
b) L'esorcista ☐
c) I diavoli ☐
d) Mephisto ☐
e) Il fantasma dell'Opera ☐

15 Che nome dareste a un filtro afrodisiaco?

a) Aspra ☐
b) Oltre ☐
c) Suprema ☐
d) Brama ☐
e) Vieppiù ☐

16 In quale momento vi sentite veramente solo?

a) Andando a dormire ☐
b) Al risveglio ☐
c) Al lavoro ☐
d) La domenica ☐
e) A tavola ☐

17 Per sopravvivere, dovete privarvi di uno dei cinque sensi. Rinunciate a:

a) Vista ☐
b) Tatto ☐
c) Udito ☐
d) Olfatto ☐
e) Gusto ☐

18 Tra questi personaggi di Omero quale ricordate con più nitidezza?

a) Circe ☐
b) Penelope ☐
c) Elena ☐
d) Nausica ☐
e) Calipso ☐

19 Un lapsus è:

a) Una distrazione ☐
b) Un incidente ☐
c) Una spia della verità ☐
d) Un pensiero inconfessato ☐
e) Un mistero neurologico ☐

20 Un raptus è:

a) Un'attenuante ☐
b) Un'aggravante ☐
c) Uno sdoppiamento ☐
d) Un'ispirazione ☐
e) Un alibi ☐

21 Quale fenomeno atmosferico trovate più affascinante?

a) Il vento ☐
b) Il temporale ☐
c) La nebbia ☐
d) La neve ☐
e) L'afa ☐

22 Date un'epigrafe al matrimonio:

a) Chi ama la propria moglie, ama se stesso (San Paolo) ☐
b) L'amore è fisica, il matrimonio è chimica (Dumas figlio) ☐
c) Il matrimonio è un'istituzione contro natura (Stendhal) ☐
d) È solo una licenza di procreare concessa a due cittadini (Shaw) ☐
e) Meglio essere sposati che essere morti (Molière) ☐

23 L'ottavo peccato capitale:

a) La debolezza ☐
b) L'indifferenza ☐
c) L'arroganza ☐
d) La sottomissione ☐
e) La stupidità ☐

24 Che ne è stato dei vostri progetti giovanili?

a) Portati a compimento ☐
b) Dimenticati ☐
c) Derisi ☐
d) Rimpianti ☐
e) Ignorati ☐

25 Pensate che sarete ricordati come:

a) Una vittima ☐
b) Un protagonista ☐
c) Un quieto ☐
d) Un illuso ☐
e) Un giusto ☐

L'Espresso - 10 febbraio 1985

RECITARE PER PARLARE

VACANZE

Per gruppi di 9 studenti

Personaggi: madre, Matilde Rinaldi, 49 anni
padre, Guido Rinaldi, 52 anni
figlia, Silvia, 17 anni
figlio, Paolo, 15 anni
figlio, Francesco, 18 anni
nonna, Bianca, 75 anni
zia, Lucilla Renzi, 43 anni
amico, Riccardo Lugli, 18 anni
ragazza, Patrizia Sella, 17 anni

Scopo: discutere i lati positivi e negativi di un progetto (passare le vacanze all'estero) ed esprimere la propria opinione per raggiungere una decisione comune riguardo al dove e come andare.

Attività preliminari:

- leggere e discutere l'annuncio pubblicitario sul Marocco.
- spiegare la situazione e chiarirne i dettagli in modo che gli studenti capiscano l'atmosfera in cui si troveranno ad agire.
- distribuire le parti o leggerle con gli studenti chiedendo eventualmente a loro di apportare le modifiche che sembrano più opportune o verosimili.
- suggerire e spiegare le frasi ed espressioni che possono essere usate nel contesto dato.

Capolavori
con la valigia

Per tutta la classe

Personaggi: presidente del comitato tecnico dei Beni Culturali, A. Grilli
presidente dei Giochi Olimpici, John Smith
assessore alla cultura della regione calabra, Paolo Caverni
direttrice del museo di Reggio Calabria, Lia Lanzi
ministro del Turismo e dello Spettacolo, Stefano Lago
cittadino che protesta, Carlo Beni
professore di archeologia, Massimo Pallotti
restauratore, Carlo Francia
studioso d'arte, Mauro Calvi
giornalista, Marcello Sgarbi
privato cittadino, Onofrio Giovenco
spedizioniere, Carlo Mazzei

Scopo: valutare la validità di una proposta, discutere sulla sua opportunità ed esprimere le proprie valutazioni e controproposte.

Attività preliminari:

- leggere le informazioni introduttive e chiedere l'opinione personale sul problema trattato.

- chiedere quali personalità dovrebbero partecipare al dibattito e fare ipotizzare quale posizione assumerebbero.

- distribuire le parti o leggerle con gli studenti chiedendo eventualmente di apportare le modifiche più opportune.

- se necessario, allungare la lista dei partecipanti al dibattito.

- suggerire e spiegare le frasi e le espressioni che possono essere usate nel corso della discussione.

Informazioni di supporto:

rimandare alla lettura degli articoli compresi nella sezione 6 **Leggere per raccogliere informazioni e idee**, pagg. 136-139.

4. RECITARE PER PARLARE

Costruiamo un'autostrada?

Per tutta la classe

Personaggi: Ing. Cervellati, progettista della strada
Sig. Marazzi, proprietario azienda trasporti
Sig. Goldoni, vecchio camionista
Prof. Piana, archeologo
Sig.ra Lazzé, abitante di Belpiano
Sig.ra Sansoni, appartenente alla Società di Tutela dell'Ambiente
persone del pubblico
moderatore televisivo

Scopo: confrontare le proprie opinioni e trovare una soluzione alternativa che incontri la soddisfazione generale.

Attività preliminari:

- leggere le informazioni introduttive per capire il contesto.

- rispondere a un breve questionario orale per verificare l'effettiva comprensione della situazione; per esempio:

  1. perché si deve costruire l'autostrada?
  2. quali vantaggi porterà?
  3. in che modo migliorerà la vita a Belforte?
  4. perché gli abitanti si oppongono così drasticamente?
  5. quali sono le difficoltà che incontrerebbero eventuali percorsi alternativi?
  6. quali misure di sicurezza si possono prendere per un'autostrada?
  7. in che modo l'autostrada potrà incidere sulla diminuzione dei prezzi dei prodotti freschi?
  8. chi invitereste al dibattito?
  9. chi trarrà maggior profitti se il progetto verrà portato a termine?

- suggerire parole ed espressioni utili per la discussione.

Esercitazione scritta:

siete un telespettatore che ha appena assistito alla trasmissione sul dibattito. Siete profondamente irritati dalle opinioni di uno degli intervenuti. Scrivete una lettera a questa persona spiegando i motivi del vostro stato d'animo.

4. RECITARE PER PARLARE

... e la nonna?

Per due gruppi di 5 persone

Personaggi: *Prima Parte*

discussione
in famiglia in presenza
di Alice

Padre,	Pietro, 47 anni
Madre,	Lucia, 46 anni
Figlio,	Gianni, 17 anni
Figlia,	Claudia, 14 anni
Nonna,	Alice, 80 anni

Seconda Parte

Alice discute
con i suoi amici
delle possibili
soluzioni da prendere

Nonna,	Alice, 80 anni
Amici	Tommaso Bini, 69 anni
della	Dalia Fiori, 70 anni
	Violetta Bianchi, 68 anni
nonna,	Rino Stanchi, 75 anni

Scopo: riflettere sui conflitti e le tensioni che possono nascere in una famiglia, apparentemente per la presenza di una persona anziana.

Modalità: si leggono e discutono insieme le informazioni sulla situazione e sui singoli personaggi, poi si assegnano le diverse parti.

Attività preliminari:

- chiarire bene le due ambientazioni nella prima e nella seconda parte.

- costruire una serie di situazioni che mostrino il crescere della tensione familiare nella vita di tutti i giorni; per esempio, una breve scena potrebbe mostrare la madre che deve pulire e mettere in ordine la stanza dopo che gli ospiti di Alice se ne sono andati. Lei lascia trasparire una certa irritazione...; un'altra scena potrebbe aver luogo tra Claudia e Pietro; Lucia potrebbe sfogarsi sul modo in cui tutti sfruttano il suo lavoro in casa... Tutto ciò renderà più vivace l'esecuzione finale.

Un caso difficile

Per tutta la classe

Personaggi:	Madre,	Sandra Monti, 45 anni
	Padre,	Vincenzo Valli, 48 anni
	Fratello maggiore,	Remo Valli, 26 anni
	Ragazza,	Teresa Bini, 17 anni
	Compagno di scuola,	Sergio Mori, 18 anni
	Insegnante di Lettere,	Lino Roselli, 36 anni
	Assistenti sociali	

Scopo: cercare informazioni oggettive intervistando fonti contrastanti per prendere decisioni avendo ruoli che esulano da quelli della vita quotidiana.

Attività preliminari:

- discutere accuratamente le informazioni generali.
- distribuire le parti.
- far intervistare ogni componente della famiglia dagli assistenti sociali.
- dopo le interviste, stabilire l'alternativa più adeguata tra quelle proposte dal giudice.

Attività supplementari:

- far presentare un rapporto conclusivo sulla decisione presa e le motivazioni ad essa relative.

LEGGERE E ASCOLTARE
PER
PARLARE E DISCUTERE

1. UNA TELEFONATA DI TROPPO

2. FURTO D'AUTORE

3. DELITTO IN CAMERA APERTA

4. TANTE STORIE PER GIOCARE

5. AMBIZIOSI? NO, SÌ, UN PO', ANZI MOLTO

5. LEGGERE E ASCOLTARE PER ...

Dopo aver letto i racconti **UNA TELEFONATA DI TROPPO, FURTO D'AUTORE, DELITTO IN CAMERA APERTA,** gli studenti devono compilare la scheda a loro disposizione, formulare ipotesi e prepararsi a sostenerle.

I personaggi: 1.

2.

3.

4.

5.

6.

7.

8.

9.

10.

. . . .

. . . .

I fatti

I moventi di ogni personaggio

Notizie sulla vittima

La scena del delitto

L'assassino: ipotesi possibili

UNA TELEFONATA DI TROPPO

SOLUZIONI

Soluzione 1. Gli assassini sono Jones o Bennett.

Quoziente. Meglio non parlarne.

Soluzione 2. L'assassino è il maggiordomo. Ha imparato durante la guerra a confezionare capsule solubili e ha messo il cianuro nelle pillole digestive, poi ha fatto sparire il flacone. Naturalmente la prima telefonata non è mai stata fatta, è una invenzione di Theodore e delle sue complici.

Quoziente. Siete proprio da compiangere. E' da decenni che l'assassino non è più il maggiordomo! E poi che cosa c'entrano le altre telefonate e la storia del divorzio? E credete che confezionare bombe e confezionare pillole sia la stessa cosa?

Soluzione 3. L'assassino è Quincey con la complicità di Dora. Grazie alle sue conoscenze dei veleni orientali confeziona pillole con un farmaco ad azione ritardata che presenta gli stessi effetti del cianuro. Dora depone il flacone incriminato in bagno il lunedì sera e Quincey lo fa sparire il martedì pomeriggio. Credono di poter fruire di una parte dell'eredità. Ma per stornare i sospetti Quincey nel pomeriggio telefona a Morris, lo avverte che è stato avvelenato e gli promette, se lui acconsentirà al divorzio, di rivelargli entro le otto dove potrà trovare un controveleno. Morris ubbidisce, ma alla sera Quincey non gli telefona affatto e Morris muore.

Quoziente. Soddisfacente. La storia tiene e si spiega il mistero della quarta telefonata. Tuttavia i veleni orientali sono paccottiglia da dottor Fu Manchu. Siete un poco indietro con le vostre letture poliziesche.

Soluzione 4. L'assassino è il notaio Higgins. Grazie alla collaborazione del fratello farmacista confeziona pillole contenenti cianuro, ma coperte da una sostanza solubile sotto l'effetto dell'adrenalina scaricata dalle glandole surrenali. Per accelerare le scariche di adrenalina telefona nel pomeriggio a Morris e gli dice che è stato avvelenato. Finge di agire per conto di Quincey e promette a Morris che se acconsentirà al divorzio, alle otto gli dirà come curarsi del veleno che ha assorbito. Morris lo chiama alle otto e Higgins gli promette che entro breve sarà da lui. Invece non arriva e Morris muore.

Quoziente. Almeno pari a quello di padre Hercule, se vi sembra un complimento. La spiegazione è incredibilmente macchinosa, ma richiede una certa bizzarria e originalità. Forse troppa. E avete trascurato indizi di cui si dirà nella quinta soluzione.

Soluzione 5. L'assassino è Brisbane che è veramente rovinato dalle corse e vuole l'eredità. Per soprammercato cerca di far cadere i sospetti su sua zia e sul suo amante: odia la zia che ha respinto tempo addietro le sue profferte amorose. Il meccanismo del delitto è semplicissimo. Il flacone con le pillole digestive non è stato affatto manomesso e Morris ha ingerito una pillola normale. Nell'uscire per andare all'aeroporto Brisbane tuttavia sottrae il flacone. Arrivato a New York, ore otto della East Coast ma ore cinque della West Coast, dall'aeroporto, con un telefono a monetine telefona allo zio mettendo un fazzoletto sul microfono in modo che la voce appaia contraffatta e inidentificabile. Annuncia allo zio che ha ingerito veleno e gli promette, se entro le sette avrà concesso il divorzio alla moglie, di telefonargli alle otto per rivelargli in quale punto dello studio abbia nascosto un controveleno. Morris cerca le pillole, non le trova, ritiene che quindi l'intero flacone fosse avvelenato, attribuisce il piano a Quincey, e si piega al suo ricatto. Torna a casa alle otto, fa per prudenza la telefonata di denuncia al notaio, e riceve poi una nuova telefonata misteriosa. E' Brisbane che chiama dalla camera del suo albergo a New York, sempre col fazzoletto sul microfono, e gli dice che la pillola col controveleno è nascosta dietro il primo volume dell'Enciclopedia Britannica. Morris si alza, la prende, l'inghiotte e muore. Il tenente Vespucci arriva alla conclusione sulla base di un ragionamento molto semplice: è troppo macchinoso pensare che ci fosse veleno, e per di più cianuro, nella prima pillola. Quindi Morris ha inghiottito una seconda pillola alle otto. Ma se si esclude il suicidio, visto che Morris aveva molta paura delle pillole, quel giorno, cosa può spingere un uomo che si crede avvelenato a inghiottire una pillola? La speranza che contenga un controveleno! Vespucci sospetta subito di Brisbane perché questo si tradisce due volte. Anzitutto, ed è l'indizio più grave, arriva sulla costa senza aver potuto leggere alcuna notizia sui giornali e parla subito di veleni a effetto ritardato, come se conoscesse tutta la storia della pillola digestiva, storia che non poteva conoscere. Infine accenna troppo tardi al fatto che lui ha telefonato e lo fa quando si rende conto che Vespucci ha eseguito accuratissimi controlli all'albergo. Allora para il colpo, non solo ammette la telefonata ma cerca di volgere il fatto a suo favore, e ancora una volta contro Quincey. Ma è inconcepibile che riveli un fatto così grave solo all'ultimo momento e dopo aver ascoltato la rivelazione del notaio.

Quoziente. Ottimo. Avete scelto la soluzione più semplice e più elegante, giocando su tre e non su quattro telefonate. (Inoltre rivelate una buona conoscenza dei servizi telefonici americani. In Italia Brisbane non avrebbe trovato gettoni all'aeroporto, i telefoni sarebbero stati guasti, e sarebbe impossibile ottenere dalla Sip una scheda con il giorno, l'ora, la località, il numero e la durata della telefonata interurbana. Nota dell'"Espresso").

A.I. DUPIN

L'ESPRESSO · 28 AGOSTO 1983

Furto d'autore

Soluzioni

Il giallo

«È stato l'amico di mia figlia a dipingere la copia», disse l'uomo a voce bassa.

«Gli ho dato un milione perché la facesse, in gran segreto».

«A chi hai dato il Morandi buono?».

«A una... a una ragazza, Giulio. Anche lei, disse, voleva una prova del mio amore. Mi avrebbe preso sul serio soltanto se le avessi dato quel quadro. Ho fatto fare una cornice identica a quella vecchia... ho portato una foto al figlio di Marconi... Mia moglie era a Portofino».

«La ragazza è tornata qui?».

«Sì, un paio di volte; anzi tre. Facevo sparire il falso Morandi nel cassetto del secrétaire, poi lo rimettevo al suo posto. Con tutto questo togli-e-appendi si devono essere allentati dei chiodi».

«Con una scusa rifatti dare il quadro dalla ragazza, dille che devi assicurarlo, poi ordina una seconda copia... e non dimenticare il timbro. Il vero Morandi te lo metti in banca».

«Credi che non ci abbia pensato?».

La signora era apparsa dicendo: «Saluti da Anna», mentre un lampo che pareva annunciare la fine del mondo rischiarò sinistramente la stanza seguito da un tuono fragoroso. L'uomo si avvicinò ad Ambrosio, gli disse in un orecchio: «La ragazza non ha più il mio Morandi. Ha una copia uguale a questa. Me ne sono accorto l'altro giorno».

«Vorresti dirmi che...».

«Sì, quel tipo che ha mestiere, ha pure due amanti... mia figlia e... Capisci, Giulio, in che pasticcio mi sono cacciato?».

«Dove ti sei cacciato, caro?», chiese la signora di buonumore, per via dei tuoni e dei lampi.

«In nessun posto, tesoro», disse lui, affranto.

Renato Olivieri

Il parere dello psicologo

SE I VOSTRI SOSPETTI SONO CADUTI SU:

LA MOGLIE. Pignoli e meticolosi, detestate la superficialità e, quale che sia il vostro sesso, avete spiccate inclinazioni misogine.

I DOMESTICI. Propendete per l'ovvio e non siete certo privi di un arcaica dose di razzismo.

I FIGLI. Vi lasciate ingannare dalle apparenze. I vostri giudizi sono spesso ispirati al conformismo e a un personale senso del decoro.

IL MARITO. Avete indovinato, ma dubitiamo che lo abbiate fatto in base a inoppugnabili connessioni logiche. Che siate soltanto fortunati?

DELITTO IN CAMERA APERTA

CHI HA UCCISO IL SIGNOR MORIARTRY? AVETE A VOSTRA DISPOSIZIONE QUATTRO SOLUZIONI, TUTTE PLAUSIBILI, A SECONDA DELLA SOLUZIONE CHE AVRETE SCELTO, SARA' VALUTATO IL VOSTRO QUOZIENTE DI SOTTIGLIEZZA MENTALE.

SOLUZIONI

SOLUZIONE 1. L'assassino è Pablo perché è comunista.

QUOZIENTE. Siete un imbecille e un maccartista.

SOLUZIONE 2. L'assassino è Koppelius. Ha addestrato la scimmietta a colpire un fantoccio con un colpo di spillone nel cuore. Trixie è entrata nello studio attraverso la cappa del camino. Per questo Koppelius si era rifiutato di accendere il caminetto. Quando è andato a chiamare Battista in legnaia ha dato l'ordine alla scimmietta. Poi ha indugiato in legnaia per dar tempo alla scimmietta di compiere la sua delittuosa impresa.

QUOZIENTE. Non male, ma siete ossessionato dai classici. Il riferimento è ovviamente a Poe. Tuttavia Moriartry ha deciso di far accendere il caminetto solo all'ultimo momento. Come ha fatto Koppelius a prevederlo e a svitare la lampadina della legnaia? E poi credete che davvero una scimmietta possa piantare con energia uno spillone, e a comando a distanza?

SOLUZIONE 3. L'assassino è Teuth. Mette nel registratore dello zio una cassetta su cui ha inciso degli ultrasuoni prodotti nel suo laboratorio, che uccidono di colpo Moriartry. Quando si precipita sul cadavere, prima che arrivi il dottore, nella confusione gli pianta lo spillone nel cuore per deviare le indagini poi tranquillamente rimette nel registratore la cassetta con il "Lohengrin" e fa sparire quella incriminata.

QUOZIENTE. Siete ingegnoso e quasi tutti gli elementi vanno a posto. Ma non credete che l'autopsia potrebbe rivelare che Moriartry non è morto a causa dello spillone? E non temete che Teuth possa aver lasciato impronte sul rubino? E siete sicuri che un walkman possa emettere ultrasuoni di quel genere?

SOLUZIONE 4. L'assassino è il maggiordomo. Proprio così. Il tenente Vespucci è così astuto da pensare anche alle soluzioni che un lettore di gialli scarterebbe subito. Egli si insospettisce per due fatti. Perché il dottor Maloney, che era seduto accanto a Moriartry, e beveva lo stesso tipo di bourbon, si assopisce? E come fa Battista, aprendo lo studio, ad accorgersi che Moriartry giace dietro alla scrivania, se entrando non si vede cosa vi accade dietro, come dice il dottore? Battista ha messo un potente sonnifero nel bourbon di Moriartry (e Maloney si è addormentato perché deve aver bevuto per sbaglio un sorso dal bicchiere lasciato dalla vittima). Battista non prevedeva l'incidente del caminetto, ma anche se non avesse dovuto portare la legna sarebbe entrato più tardi in studio con un pretesto. Comunque volge l'incidente a proprio favore, perdendo tempo in legnaia, in modo da permettere al sonnifero di fare effetto. Egli, che conosce le abitudini del suo padrone, sa che intanto Moriartry deve essere entrato in studio per iniziare la sua terapia musicale. Naturalmente dicendo che ha dovuto riavvitare la lampadina. Quando poi entra in studio, grida per attirare gli altri, ma si precipita per primo presso il corpo del padrone, ancora vivo ma pesantemente addormentato. Lestamente trae di tasca lo spillone e glielo infige nel cuore. Quando il dottore arriva, Moriartry è già passato dal sonno alla morte. L'idea dello spillone viene suggerita a Battista dal piccolo Lou, quando costui uccide il gatto. Si noti infine che un maggiordomo porta i guanti e non lascia impronte digitali.

QUOZIENTE. Ottimo. Avete scartato soluzioni ingegnose ma improbabili e avete scelto quella più economica. Il delitto è stato compiuto in una camera aperta e davanti a tutti. Inoltre conoscete bene la letteratura gialla perché una storia del genere si trova già in un romanzo dell'anteguerra. Visto che siete così bravi, individuate l'autore e il romanzo.

A. I. DUPIN

Per tutta la classe

- Leggete agli studenti le storie e fate loro inventare il finale che preferiscono.
- Ogni storia ha, però, tre finali: gli studenti devono controllare se il loro finale è compreso in questo numero e, poi, scegliere quello che a loro sembra più convincente.
- Leggete le considerazioni che l'autore fa sui finali da lui inventati e fate discutere gli studenti in proposito.

Pinocchio il furbo

C'era una volta Pinocchio. Ma non quello del libro di Pinocchio, un altro. Era di legno anche lui, ma non era lo stesso. Non l'aveva fatto Geppetto, si era fatto da solo.

Diceva le bugie anche lui, come il famoso burattino, e ogni volta che le diceva il naso gli si allungava a vista d'occhio, però era proprio un altro Pinocchio: tanto è vero che quando il naso gli si allungava, invece di spaventarsi, piangere, chiedere aiuto alla Fatina eccetera, lui prendeva un coltello, o una sega, e si tagliava via un bel pezzo di naso. Era di legno, vero?, così non poteva sentire dolore.

E siccome di bugie ne diceva tante e anche di più, in poco tempo si trovò la casa piena di pezzi di legno.

– Che bellezza, – dice, – con tutto questo bel legname stagionato mi ci faccio i mobili, mi ci faccio, e risparmio la spesa del falegname.

Per bravo, era bravo. Lavorando si fece il letto, il tavolo, l'armadio, le sedie, gli scaffali per i libri, una panca. Alla fine stava facendo un cavalletto per metterci su il televisore e gli venne a mancare il legno.

– Ho capito, – disse, – ci vuole una buona bugia.

Corse fuori e cercò il suo tipo. Arrivava, trotterellando sul marciapiede, un omino di campagna, di quelli che sono sempre in ritardo per prendere la corriera.

– Buongiorno. Ma lo sa che lei è proprio fortunato?

– Io! E come mai?

– Non lo sa ancora?! Ha vinto cento milioni alla lotteria, lo ha detto la radio cinque minuti fa.

– Non è possibile!

– Come sarebbe, non è possibile... Lei, scusi, come si chiama?

– Roberto Bislunghi.

– Vede? La radio ha detto proprio il suo nome, Roberto Bislunghi. E che mestiere fa?

– Vendo salame, quaderni e lampadine a San Giorgio di Sopra.

– Allora non ci sono dubbi: il vincitore è proprio lei. Cento milioni. Mi congratulo vivamente...

– Grazie, grazie...

Il signor Bislunghi ci credeva e non ci credeva, ma era emozionatissimo e dovette entrare in un bar per bere un bicchier d'acqua. Solo dopo che ebbe bevuto gli venne in mente che non aveva mai comprato biglietti per la lotteria, dunque ci doveva essere uno sbaglio. Ma Pinocchio, ormai, era tornato a casa soddisfatto. La bugia gli aveva allungato il naso della misura giusta per fare l'ultima gamba del cavalletto. Segò, inchiodò, pial-

lò: ecco fatto. Un cavalletto così, a comprarlo e pagarlo, ci sarebbero volute le sue ventimila lire. Un bel risparmio.

Quando ebbe finito di arredarsi la casa, decise di mettersi in commercio.

– Venderò legname e diventerò ricco.

E difatti, a dire le bugie era così svelto che in poco tempo diventò proprietario di un grande magazzino con cento operai a lavorare e dodici ragionieri a fare i conti. Si comprò quattro automobili e due autotreni. Gli autotreni non gli servivano per andare a spasso, ma per trasportare il legname. Ne mandava anche all'estero, in Francia e in Burlandia.

E giú bugie e giú bugie: il naso non si stancava mai di ricrescere. Pinocchio diventava sempre più ricco. Adesso nel suo magazzino lavoravano tremilacinquecento operai e quattrocentoventi ragionieri a fare i conti.

Purtroppo, a forza di dire bugie gli si svuotava la fantasia. Per trovarne una nuova doveva andare in giro ad ascoltare le bugie degli altri e copiarle: quelle dei grandi, quelle dei bambini... Ma erano bugie da poco e facevano crescere il naso solo di pochi centimetri per volta.

Allora Pinocchio si decise a prendere un suggeritore, un tanto al mese. Il suggeritore passava otto ore al giorno nel suo ufficio a pensare bugie e a scriverle su tanti foglietti, che poi passava al padrone:

– Dica che la Cupola di San Pietro l'ha costruita lei.

– Dica che la città di Forlimpopoli ha le rotelle e può andare in giro per le campagne.

– Dica che è andato al Polo nord, ha fatto un buco ed è uscito al Polo sud.

Il suggeritore guadagnava abbastanza bene, però alla sera, a furia di inventare bugie, gli veniva il mal di testa.

– Dica che il Monte Bianco è suo zio.

– Che gli elefanti non dormono né sdraiati né in piedi, ma ritti sulla proboscide.

– Che il fiume Po è stanco di gettarsi nell'Adriatico e vuole gettarsi nell'Oceano Indiano.

Adesso che era ricco e straricco, Pinocchio non si segava più il naso da solo: lo servivano due operai specializzati, in guanti bianchi, con una sega d'oro. Questi operai il padrone li pagava due volte: una per il lavoro che facevano, un'altra per stare zitti. Ogni tanto, quando la giornata era stata particolarmente fruttuosa, pagava loro anche un bicchiere d'acqua minerale.

Primo finale

Pinocchio arricchiva ogni giorno di piú. Ma non bisogna credere che fosse avaro. Al suggeritore, per esempio, qualche regalino glielo faceva: una mentina, un bastoncello di liquirizia, un francobollo del Senegal...

Il paese era molto orgoglioso di lui. Lo volevano sindaco a tutti i costi, ma Pinocchio non accettò, perché non se la sentiva di assumersi quella grave responsabilità.

— Ma lei può fare molto per il paese, — gli dicevano.

— Farò, farò lo stesso. Regalerò un asilo infantile, a patto che porti il mio nome. Regalerò una panchina per i giardini pubblici, perché i vecchi lavoratori ci si possano sedere quando sono stanchi.

— Evviva Pinocchio! Evviva Pinocchio!

Erano tanto contenti che decisero di fargli un monumento. E glielo fecero, di marmo, sulla piazza principale. Raffigurava un Pinocchio alto tre metri che regalava un soldino a un orfanello alto novantacinque centimetri. Intorno, suonava la banda. Ci furono anche i fuochi artificiali. Fu una festa memorabile.

Secondo finale

Pinocchio arricchiva ogni giorno di piú, e piú arricchiva, piú diventava avaro. Il suggeritore, che faceva fatica a inventare nuove bugie, da un pezzo gli chiedeva un aumento di stipendio. Ma lui trovava sempre una scusa per negarglielo:

— Eh, fate presto a parlare di aumenti, voi. Ieri, però, mi avete rifilato una bugia da quattro soldi: il naso mi si è allungato in tutto di dodici millimetri. Dodici millimetri di legno non sono buoni nemmeno per fare uno stuzzicadenti.

— Ho famiglia, — diceva il suggeritore, — il prezzo delle patate è aumentato.

— Ma il prezzo dei panettoni è diminuito: perché non comprate panettoni, invece di patate?

Andò a finire che il suggeritore prese a odiare il suo padrone. E con l'odio nacque in lui il desiderio di vendicarsi.

— Gliela farò vedere io, — borbottava fra sé, mentre scribacchiava svogliatamente i suoi foglietti quotidiani.

Ed ecco che su uno di quei foglietti, quasi senza accorgersene, scrisse: «L'autore delle avventure di Pinocchio è Carlo Collodi».

Il foglietto finí in mezzo a quelli delle bugie. Pinocchio, che non aveva mai letto un libro in vita sua, pensò che fosse una bugia come le altre e la mandò a mente per snocciolarla al primo venuto.

Fu cosí che per la prima volta in vita sua, e per pura ignoranza, disse la verità. E appena l'ebbe detta, tutto il legname prodotto dalle sue bugie cadde in polvere e segatura e tutte le sue ricchezze si dileguarono come se il vento le avesse soffiate via e Pinocchio si ritrovò povero, nella sua vecchia casa senza mobili, senza nemmeno un fazzoletto per asciugarsi le lacrime.

Terzo finale

Pinocchio arricchiva ogni giorno di piú e sarebbe certamente diventato l'uomo piú ricco del mondo se un giorno non fosse capitato da quelle parti un omino che la sapeva lunga, anzi, sapeva tutto e sapeva anche che tutte le ricchezze di Pinocchio si sarebbero dileguate come fumo il giorno in cui egli fosse stato costretto a dire la verità.

— Signor Pinocchio, cosí e cosí: stia bene attento a non dire mai la piú piccola verità, nemmeno per isbaglio, altrimenti la festa è finita. Capito? Bene, bene. A proposito: è sua quella villa?

— N-no, — disse Pinocchio.

— Allora me la prendo io: sembra fatta su misura per me. Quei magazzini sono suoi?

— N-no, — disse a malincuore Pinocchio, per evitare di dire la verità.

— Magnifico, allora me li prendo io...

L'omino, con quel sistema, si prese le automobili, gli autotreni, il televisore, la sega d'oro. Pinocchio diventava sempre piú nero, ma si sarebbe tagliata via la lingua piuttosto che dire la verità.

— A proposito, — disse finalmente l'omino: — è suo il suo naso?

Pinocchio sbottò: — Certo che è mio! E lei non me lo potrà portar via! Il naso è mio e guai a chi me lo tocca!

— Questa è proprio la verità, — sorrise l'omino.

E in quel momento tutto il legname di Pinocchio diventò segatura, le sue ricchezze caddero in polvere, venne un gran vento e si portò via ogni cosa, anche l'omino misterioso, e Pinocchio rimase solo e povero, senza nemmeno una caramella per la tosse da mettersi in bocca.

Pinocchio il furbo

Il primo finale è sbagliato, perché non è giusto che Pinocchio il furbo, dopo tutti quegli imbrogli, sia festeggiato come un benefattore. Sono incerto tra il secondo e il terzo. Il secondo è piú spiritoso, il terzo piú cattivo.

Quando piovvero cappelli a Milano

Una mattina, a Milano, il ragionier Bianchini stava andando in banca per la sua ditta. Era una bella giornata, non c'era neanche un filino di nebbia, si vedeva perfino il cielo, e in cielo, incredibile per il mese di novembre, c'era addirittura il sole. Il ragionier Bianchini era contento e mentre camminava con passo svelto canticchiava tra sé: «Ma che bella giornata, che bella giornata, che bella giornatona, proprio bella e proprio buona...»

Improvvisamente, però, si dimenticò di cantare, si dimenticò di camminare e rimase lí a bocca aperta a guardare per aria, tanto che un passante gli finí addosso e gliene disse quattro:

— Ehi, lei, va intorno a guardare le nuvole? Può mica stare attento dove cammina?

— Ma io non cammino, sono fermo... Guardi.

— Guardare cosa? Ho mica tempo da perdere io. Guardare dove? Eh?! Oh?! Uh! La Peppa!

— Ecco, ha visto, cosa ne pensa?

— Ma quelli sono... sono cappelli...

Difatti, dal cielo azzurro veniva giú una pioggia di cappelli. Non un cappello solo, che poteva essere il vento a farlo volare di qua e di là. Non due cappelli soltanto, che potevano essere caduti da un davanzale. Erano cento, mille, diecimila cappelli che scendevano dal cielo ondeggiando. Cappelli da uomo, cappelli da donna, cappelli con la penna, cappelli con i fiorellini, berrettini da fantino, scoppolette con la visiera, colbacchi di pelliccia, baschi, baschetti, berrettoni da sciatore...

E dopo il ragionier Bianchini e quell'altro signore, anche tanti altri signori e tante signore si fermarono a guardare per aria, anche il garzone del panettiere, anche il vigile che dirigeva il traffico all'incrocio tra via Manzoni e via Montenapoleone, anche il tranviere del tram numero diciotto, e anche quello del sedici, e anche quello dell'uno... I tranvieri scendevano dai tram, guardavano per aria e i passeggeri scendevano anche loro, e ognuno diceva la sua:

— Che meraviglia!

— Roba mai vista!

— Ma andiamo, sarà la réclame del panettone.

— Cosa c'entrano i cappelli col panettone?

— Allora sarà la réclame del torrone.

— E dài con il torrone. Lei ha in mente solo roba da mettere in bocca. I cappelli, è mica roba che si mangia.

— Saranno poi cappelli davvero?

— No, guardi, sono campanelli da bicicletta! Ma non li vede anche lei, cosa sono?

— Sembrano cappelli. Ma saranno poi cappelli da mettere in testa?

— Scusi, lei dove lo mette il cappello, sul naso?

Del resto le discussioni cessarono ben presto. I cappelli stavano toccando terra, sul marciapiede, sulla strada, sul tetto delle automobili, qualcuno entrava dai finestrini del tram, altri volavano direttamente nei negozi. La gente li raccattava, cominciava a provarseli.

— Questo è troppo largo.

— Provi questo qua, ragionier Bianchini.

— Ma quello lí è da donna.

— E lei ce lo porta alla sua signora, no?

— Si mette in maschera!

— O giusta! Io non vado in banca con un cappello da donna...

— Me lo dia a me, quello lí, va bene a mia nonna...

— Però va bene anche alla sorella di mio cognato.

— Questo l'ho preso prima io.

— No, prima io.

C'era della gente che correva via con tre, quattro cappelli, uno per tutti i membri della famiglia. Arrivò anche una suora, di corsa, si faceva dare i berrettini per gli orfanelli.

E piú la gente ne raccoglieva, piú ne scendevano dal cielo.

Coprivano il suolo pubblico, riempivano i balconi. Cappelli, cappellini, berretti, berrettini, bombette, cilindri, sombreros, cappelloni da cowboys, cappelli a punta, a pagoda, coi nastri, senza nastri...

Il ragionier Bianchini ne aveva già fra le braccia diciassette e non si decideva a riprendere la sua strada.

— Una pioggia di cappelli non capita mica tutti i giorni, bisogna approfittarne, uno si fa la scorta per tutta la vita, tanto alla mia età la testa non diventa piú grossa...

— Magari diventerà piú piccola.

— Come piú piccola? Cosa vuol insinuare? Che perderò il cervello?

— Dài, dài, non se la prenda, ragioniere: prenda invece anche questa bella bustina...

E i cappelli piovevano, piovevano... Uno piovve proprio in testa al vigile (che però non dirigeva piú il traffico, tanto i cappelli andavano dove volevano): era un berretto da generale e tutti dissero che era di buon augurio, e che presto il vigile sarebbe stato promosso.

Poi?

Primo finale

Qualche ora dopo, all'aeroporto di Francoforte, atterrava un gigantesco aereo dell'Alitalia che aveva fatto il giro del mondo per caricare ogni sorta di copricapi, destinati ad essere esposti al pubblico in una straordinaria Mostra Internazionale del Cappello.

A ricevere il prezioso carico era presente il sindaco. Una banda cittadina intonò l'inno *O Tu Cappello Protettor - delle Teste di Valor!*, musicato dal professor Giovanni Sebastiano Ludovico Bächlein. L'inno, naturalmente, rimase a metà quando si scoprí che i soli cappelli trasportati in Germania dall'aereo erano quelli del comandante e degli altri membri dell'equipaggio...

Questo permise di spiegare i motivi della pioggia di cappelli verificatasi sulla capitale lombarda, ma naturalmente la Mostra Internazionale dovette essere rimandata a data da destinarsi. Il pilota che per errore aveva lasciato cadere su Milano i cappelli, anziché un carico di volantini di propaganda della Mostra stessa, fu severamente rimproverato e condannato a guidare per sei mesi senza berretto.

Secondo finale

Per quel giorno, dunque, piovvero cappelli.

Il giorno dopo piovvero ombrelli.

Il giorno successivo scatole di cioccolatini. E poi, di seguito, piovvero frigoriferi, lavatrici, giradischi, dadi per il brodo in pacchi da cento, cravatte, pastelli, tacchini ripieni. Infine, piovvero alberi di Natale carichi d'ogni sorta di doni. La città era letteralmente sommersa da tutte quelle ricchezze. Le case ne traboccavano. E i commercianti ci rimasero malissimo, perché avevano tanto aspettato le settimane delle feste per fare buoni affari.

Terzo finale

Piovvero cappelli fino alle quattro del pomeriggio. A quell'ora, in piazza del Duomo, ce n'era una montagna piú alta del monumento. L'ingresso alla galleria era bloccato da una parete di cappelli di paglia. Poi, alle quattro e un minuto, si levò un gran vento. I cappelli presero a rotolare per le strade, sempre piú velocemente, fin che si alzarono in volo, impigliandosi nei fili della rete tranviaria.

– Se ne vanno! Se ne vanno! – gridava la gente.

– Ma perché?

– Forse adesso vanno a Roma.

– Come fa a saperlo? Gliel'hanno detto loro?

– Macché Roma, guardate: volano dalla parte di Como.

I cappelli si alzarono sopra i tetti, come un immenso stormo di rondini, e volarono via, e nessuno sa che fine abbiano fatto, perché non sono piú caduti né a Como né a Busto Arsizio. I cappellai di Milano tirarono un sospiro: se l'erano vista brutta, quel giorno.

Quando piovvero cappelli a Milano

Banale il primo finale, troppo misterioso il secondo. Andrebbe bene il terzo, ma non spiega il perché di quella pioggia di cappelli. Però, detto tra noi, che bisogno c'è di spiegare? Quei cappelli sono un'allegra visione e annunciano una speranza: si spera, insomma, che dal cielo non debbano cadere sulle nostre teste proiettili piú pericolosi...

L'avventura di Rinaldo

Un giorno Rinaldo cadde dalla bicicletta e tornò a casa con un grosso bernoccolo sulla fronte. La zia con cui viveva (i suoi genitori erano emigrati in Germania in cerca di lavoro) si spaventò moltissimo. Era giusto una di quelle zie che si spaventano di tutto.

— Rinaldo, bambino mio, che cosa ti è successo?

— Niente di male, zia Rosa. Sono caduto dalla bicicletta e basta.

— Cielo, che spavento!

— Ma se non mi hai nemmeno visto cadere...

— Proprio per questo!

— Un'altra volta prima di cadere ti chiamo.

— Rinaldo, non scherzare con queste cose! Dimmi piuttosto perché hai portato la bicicletta in casa.

— In casa? Ma no, l'ho lasciata sotto il portico, come sempre.

— E allora quella bicicletta lí di chi è?

Rinaldo si volta, seguendo l'indice della zia e vede una bicicletta rossa appoggiata alla parete della cucina.

— Quella lí? Non è mica mia, zia Rosa. La mia è verde.

— Sicuro, è verde. Ma allora? Non sarà mica entrata da sola?

— Già. Che siano stati i fantasmi?

— Rinaldo, non parlare di fantasmi, ti prego!

— È anche una bella bicicletta.

La zia Rosa cacciò un urlo.

— Che c'è, zia?

— Ma guarda, c'è un'altra bicicletta!

— Davvero! Bella anche questa.

La signora Rosa si torceva le mani, piú che mai spaventata:

— Ma da dove saltano fuori tutte queste biciclette?

— Boh, — fece Rinaldo, — è un bel mistero. Non ci sarà mica una bicicletta anche in camera da letto? Ma sí che c'è, guarda, zia Rosa. E con questa fanno tre. Fra poco, se va avanti cosí, avremo la casa piena di biciclette...

Al nuovo urlo della zia Rinaldo fu costretto a tapparsi le orecchie. Il fatto è che egli aveva appena finito di pronunciare la parola «biciclette» che la casa si riempí veramente di biciclette. Ce n'erano dodici solo in bagno, come poté constatare la zia Rosa, gettandovi un'occhiata terrorizzata: due stavano nella vasca.

— Basta, Rinaldo, — sospirò la povera donna lasciandosi cadere su una sedia, — basta, non ne posso piú.

— Ma come, basta? Cosa c'entro io? Non sono mica io che le fabbrico. Figuriamoci, io non so nemmeno fabbricare un triciclo...

Driin! Driin!

Un bellissimo triciclo comparve sul tavolo, cosí nuovo che aveva ancora le ruote avvolte nella carta dell'imballaggio: ma il campanello trillava allegramente come per dire: «Sono qui anch'io!»

— Rinaldo, ti prego!

— Zia Rosa, non crederai davvero che sia colpa mia quello che sta succedendo?

— Certo, figliolo. Voglio dire, non lo credo, Rinaldo. Ma lo stesso, ti prego, sii prudente: non pronunciare piú né la parola bicicletta né la parola triciclo.

Rinaldo scoppiò a ridere:

— Se è solo per questo posso parlare d'altro. Vuoi che parliamo di sveglie o di cocomeri freschi? di budini al cioccolato o di stivali di gomma?

La zia svenne. Via via che quei nomi uscivano dalla bocca di Rinaldo, la casa si andava popolando di sveglie, cocomeri, budini, stivali. Quegli stravaganti e impossibili oggetti comparivano dal nulla, come fantasmi.

— Zia! Zia Rosa!

— Eh? Cosa c'è? Ah! — fece la donna, tornando in sé.
— Rinaldo, nipote mio e figlio mio per carità siediti lí e sta zitto. Vuoi bene a zia tua? Siediti e non ti muovere. Vado a chiamare il professor De Magistris, lui ci capirà qualcosa.

Questo professor De Magistris era un professore in pensione, che abitava dall'altra parte del cortile. Quando la zia Rosa aveva un problema, correva dal professor De Magistris che non si faceva mai pregare per starla ad ascoltare e darle il suo aiuto. Solo i vecchi sanno essere cosí generosi e pazienti. Il professore non si fece pregare nemmeno stavolta.

— Allora, giovanotto, che succede?

— Buona sera, professore. Non saprei proprio. Pare che in questa casa ci siano gli...

Ma prima che potesse pronunciare la parola «spiriti» la zia Rosa gli mise una mano sulla bocca.

— No! Rinaldo, non quella parola! Tutto, ma non gli spiriti!

— Signora, — intervenne il professor De Magistris, — mi spieghi per benino, mi faccia capire.

— Ma cosa c'è da capire? È caduto dalla bicicletta e ha battuto la testa. E cosí, ecco: ogni volta che dice una parola, quella cosa lí, ossia la parola...

— Guardi, professore, — fece Rinaldo; — io dico: gatto.

Miao, fece il gatto materializzandosi su una sedia presso la stufa.

— Hep! — fece il professore. — Hm! Capisco.

– Ha visto che roba? E i suoi genitori che sono in Germania. Una malattia simile...

– Ma quale malattia! – protestò Rinaldo. – A me pare una bella comodità. Se ho fame di un gelato al pistacchio...

Ploff!

Ecco il gelato pronto in una coppa di cristallo.

– Mi sembra ottimo, – commentò il professore. – Ma il cucchiaino dov'è?

– Cucchiaino, – disse Rinaldo. – Anzi un altro gelato e un altro cucchiaino, così ne avremo uno per ciascuno. Vuoi anche tu un gelato, zia?

Ma la zia Rosa non rispose: era svenuta per la seconda volta.

Primo finale

Il professor De Magistris, dopo aver vuotato coscienziosamente la sua coppa di gelato, riprese le redini della discussione.

– Dunque, – disse, – il nostro Rinaldo qui, non importa come, forse in seguito a caduta da bicicletta, è entrato in possesso di uno straordinario super-potere, che gli permette di creare qualsivoglia oggetto semplicemente pronunciandone il nome.

– Cielo! – fece la signora Rosa.

– Sí, signora, – incalzò il professore, – cielo e paradiso, per voi, adesso.

– E come mai?

– Come mai? Ma è semplice. Rinaldo dirà: un miliardo e sarete miliardari. Dirà: villa con piscina, e tutto sarà pronto per fare i tuffi. Dirà: automobile con autista, e potrete partire. I suoi genitori non avranno piú bisogno di andare a lavorare all'estero. E forse Rinaldo si ricorderà anche del suo vecchio amico professore e dirà per lui... Aspetta, aspetta, non dire nulla... Cane, ecco che cosa devi dire. Un bel bassotto, non troppo giovane non troppo vecchio... Sarà il mio amico. Sapete, non mi piace stare sempre solo in casa...

– Bassotto cosí e cosí! – disse Rinaldo.

E il bassotto abbaiò festosamente, arrampicandosi sui pantaloni del professor De Magistris, che aveva le lacrime agli occhi per la gratitudine.

Secondo finale

Per farla breve, il professor De Magistris spiegò di che si trattava.

– E mi raccomando, – disse, – non fiatate con nessuno. La vita di Rinaldo è in pericolo.

– Misericordia! E perché?

– È chiaro, perché: il superpotere di cui egli dispone può essere fonte di ricchezze incalcolabili. Se lo si sapesse in giro, chissà quanti malviventi tenterebbero di impadronirsi di Rinaldo, per sfruttare il suo dono.

– Misericordia e misericordia ancora!

Zia e nipote giurarono di stare zitti.

– Domani, – disse il professore congedandosi, – decideremo il da farsi.

– Domani.

Bisogna sapere, però, che quel De Magistris lí aveva una doppia vita: di giorno era un professore in pensione, di notte il capo di una banda di briganti che svaligiava banche in tutta Europa. De Magistris telefonò ai suoi uomini, fece rapire Rinaldo, gli fece dire la parola «oro» fin che ebbe riempito dieci autotreni col rimorchio. Quindi salí sul primo autotreno, suonò il cl_axon e via. Nessuno lo ha mai piú rivisto. Intanto però Rinaldo si era tanto stancato a ripetere la parola «oro» che la voce gli era andata via. Quando tornò la voce, il dono era scomparso. Ma qualcosa la zia Rosa poté guadagnare rivendendo tutte quelle biciclette, sveglie, cocomeri, eccetera.

Terzo finale

Finito di mangiare il gelato, Rinaldo se ne comandò un altro. Ma lo comandò cosí in fretta che il gelato, invece di scendere dolcemente sul tavolo, gli cascò in testa. Niente di male, se fosse stato solo per il gelato. Ma c'era la coppa di cristallo. Questa colpí proprio il bernoccolo che Rinaldo si era fatto cadendo dalla bicicletta. E il colpo fu fatale. Da quel momento Rinaldo si sfiatò invano a nominare oggetti: non comparve piú nulla, né un'automobile né una patata lessa.

L'avventura di Rinaldo

Il terzo finale, per quanto scherzoso, mi sembra il piú logico. Il primo è troppo dolce, il secondo troppo amaro.

Taxi per le stelle

Una sera il tassista Compagnoni Peppino, di Milano, terminato il suo turno di servizio, stava guidando pian piano per riportare la macchina nell'autorimessa, giú, dalle parti di Porta Genova. Non era del tutto contento, perché aveva fatto poche corse, aveva avuto piú di un cliente bisbetico, compresa una signora che l'aveva fatto aspettare quarantotto minuti fuori di un negozio, e aveva preso anche una multa dal vigile. Perciò, mentre rincasava, teneva d'occhio i passanti. Difatti, ecco un signore che gli fa segno.

– Taxí, taxí!

– Si accomodi, signore, – fu svelto a frenare il Compagnoni Peppino. – Però guardi che io sto smontando, vado verso Porta Genova, le va bene?

– Vada dove vuole, ma faccia presto.

– No, guardi, andiamo pure dove vuole lei, ci mancherebbe altro. Purché non sia troppo fuori strada per me.

– Vada! Metta in moto e vada sempre avanti!

– D'accordo, signore.

Il Compagnoni Peppino schiacciò il pedale dell'acceleratore, e via. Intanto, però, nello specchietto retrovisore, teneva d'occhio il passeggero. Che tipo: «vada dove vuole, vada sempre avanti»... La faccia si vedeva poco, mezzo nascosta dal bavero del cappotto e dalla tesa del cappello. «Uhei, – pensava il Peppino, – sarà mica un ladro, neh? Fammi un po' vedere se c'è qualcuno che ci corre dietro... No, si direbbe di no. Niente valigia, niente borsa. Solo un pacchettino. Ecco, adesso lo apre. Chi sa cosa ci sarà dentro... Che roba può essere quella lí? Pare quasi un pezzo di cioccolato. Eh, giusto, cioccolato blu: quando mai si è veduto, il cioccolato blu? Però lui lo mangia... Be', tutti i gusti sono gusti. Dài, Peppino, che siamo quasi arrivati... Ohei, dico, ma... Ma... Cos'è 'sta roba? Cosa succede? Ohei, ma cosa fa, lei, cosa mi combina...»

– Non si preoccupi, – rispose con voce tagliente il passeggero. – Vada sempre avanti.

– Ma che avanti d'Egitto! Qua non si va piú né avanti né indietro! Non si è accorto che stiamo volando? Aiuto!...

Il Compagnoni Peppino sterzò per non investire le antenne della televisione in cima a un grattacielo. Poi ricominciò le sue proteste:

– Ma cosa si è messo in testa, lei? Cos'è 'sta diavoleria?

– Non abbia paura, non succederà niente.

– Eh, già, lui lo chiama niente. Un taxi che vola per aria, roba che succede tutti i minuti... Ma guardi, orca l'oca, siamo sopra il Duomo di Milano, se caschiamo ci infilziamo su una guglia e arrivederci e grazie. Ma si può sapere che razza di scherzo è questo?

– Dovrebbe vederlo da solo che non è uno scherzo – replicò il passeggero. – Stiamo volando, e con ciò?

– Ma come, «con ciò»! Il mio taxi non è mica un missile!

– In questo momento, faccia conto che sia un taxi spaziale.

– Macché spaziale! E poi io non ho neanche la licenza di pilota. Lei mi fa prendere una bella multa, mi fa. E mi spiega come facciamo a volare?

– È semplicissimo. Vede questa sostanza blu?

– L'ho vista sí, ho visto anche che ne ha mangiato un pezzetto.

– Sí, bisogna inghiottirne un pezzetto per farla funzionare. È un motore antigravitazionale che ci farà raggiungere la velocità della luce, piú un metro.

– Va bene, belle cose e tutto. Però io devo andare a casa, caro lei. Io abito a Porta Genova, mica sulla Luna.

– Non stiamo affatto andando sulla Luna.

– Ah, sí? E dov'è che andiamo?

– Sul settimo pianeta della Stella Aldèbaran. È là che abito, io.

– Tanto piacere, ma io abito sulla Terra.

– Senta, le spiego come stanno le cose. Io non sono un Terrestre, sono un Aldebariano. Guardi.

– Cos'è che devo guardare?

– Qui, lo vede il terzo occhio?

– Orca l'oca, ha davvero tre occhi.

– Mi guardi le mani. Quante dita ho?

– Uno, due, tre... sei... dodici. Dodici dita per mano???

– Dodici. È convinto, adesso? Sono stato in missione sulla Terra, per vedere come vanno le cose da voi, e ora sto tornando sul mio pianeta per fare rapporto.

– Bravo, è il suo dovere, ciascuno a casa sua. E io? Come faccio, io a tornare a casa?

– Le darò un pezzetto di roba da masticare e sarà a Milano in un momento.

– Ma aveva proprio bisogno di prendere il taxi?

– L'ho fatto perché volevo viaggiare seduto. Le basta? Guardi, stiamo per arrivare.

– Quella palla lí sarebbe il suo pianeta?

Ma «quella palla lí», in pochi secondi, si trasformò in un globo enorme, e verso la sua superficie scendeva a velocità impressionante, il taxi del Peppino Compagnoni.

– Lí, a sinistra, – ordinò il passeggero, – atterreremo in quella piazza.

– Meno male che lei vede una piazza, io vedo solo un prato.

– Non ci sono prati, sul mio pianeta.

– Allora si vede che è una piazza pitturata di verde.

– Uhm... scenda un po'... scenda... cosí... Per Aldèbaran!

– Cosa le ho detto? Guardi se non è erba! E quelli là chi sono?

– Di chi sta parlando?

– Di quella specie di galline giganti che ci stanno correndo addosso con l'arco e le frecce.

– Arco? Frecce? Galline giganti? Non c'è niente del genere sul mio pianeta!

– Ah, no? E allora sa cosa le dico?

– Zitto, lo so. Abbiamo sbagliato strada. Mi faccia pensare un momentino.

– Pensi in fretta, però, perché quei tipi lí arrivano. *Ziip!* Ha sentito? Era una freccia! Su, signor Aldebariano, sveglia, mangi un pezzetto di cioccolato blu, filiamo, smammiamo, meniamo le tolle di qua, perché il Peppino Compagnoni, la sua pelle, vuole riportarla a Milano senza buchi, ha capito?

L'Aldebariano si affrettò a mordere la misteriosa sostanza che il Peppino Compagnoni chiamava cioccolato blu.

– Mandi giú! Mandi giú senza masticare, che fa prima! – gridò il tassista.

Primo finale

Il taxi riprese il volo appena in tempo, ma una freccia colpí una delle gomme posteriori, che si sgonfiò con un lunghissimo PIIIIFFF!

– Ha sentito? È partita, – esclamò il Compagnoni Peppino, – e stia certo che questa gliela metto in conto.

– Pagherò, pagherò – rispose l'Aldebariano.

– Ha preso le misure giuste, adesso? Non ci troveremo su qualche altro pianeta selvaggío?

Purtroppo l'Aldebariano, nella fretta, non aveva potuto misurare con esattezza la dose. Il taxi del cosmo dovette saltabeccare per un pezzo, qua e là per le Galassie, prima di imbroccare il pianeta dell'Aldebariano. Ma quando vi arrivarono esso era cosí bello, e i suoi abitanti cosí gentili, e il suo risotto blu (una specialità di quelle parti) tanto gustoso, che il Compagnoni Peppino non ebbe piú tanta furia di tornare a Milano. Ci rimase quindici giorni, passando da una meraviglia all'altra. Prese appunti su tutto e, una volta sulla Terra, pubblicò un libro, illustrato con duecento fotografie, che fu tradotto in novantasette lingue e gli fruttò il Premio Nobel. Oggi il Compagnoni Peppino è il piú famoso tassista-scrittore-esploratore del sistema solare.

Secondo finale

Il taxi decollò, ed essendo piú veloce delle frecce che lo inseguivano si trovò ben presto fuori pericolo.

– A quanto pare, – osservò il Peppino, – non è mica tanto pratico dello spazio neanche lei, neh?

– Lei pensi a guidare, – borbottò l'Aldebariano. – Al resto ci penso io.

– Bravo e cerchi di pensarla giusta.

Volarono per alcuni minuti, alla velocità della luce (piú un metro), colmando distanze incalcolabili. E alla fine del viaggio si trovarono... a Milano, in piazza del Duomo!

– Maledizione, ho sbagliato ancora! – gridava l'Aldebariano, strappandosi i capelli con le sue ventiquattro dita. – Ripartiamo!

– No, grazie, – esclamò il tassista, balzando a terra, – io sto benissimo qui. Se vuole, si tenga la macchina: però ci pensi, prima di farmi questo torto. Io ho solo quelle quattro ruote lí, per dar da mangiare ai miei figli.

– Pazienza, – borbottò l'Aldebariano, – andrò a piedi.

Scese dalla macchina, mordicchiò il suo «cioccolato blu» e scomparve. Il Compagnoni Peppino, prima di andare a casa, entrò in un bar a prendere un grappino per farsi passare lo spavento.

Terzo finale

Sarebbe troppo lungo da raccontare. Vi dò solo la traccia. Il tassista e l'Aldebariano sono fatti prigionieri dalle Galline Giganti. La prigione è un uovo. Scappano con quell'uovo. L'Aldebariano sbarca sul suo pianeta. Il Compagnoni Peppino torna a Milano con l'uovo volante e una buona provvista di «cioccolato blu». Mette su un'azienda di viaggi cosmici, una linea di taxi Terra-Marte-Saturno e ritorno e un allevamento di galline che fanno uova piccolette ma, per la frittata, insuperabili.

Taxi per le stelle

La mia preferenza è per il terzo finale perché mi piacciono le uova. Il finale è appena accennato: se ne avete voglia, scrivetevelo da soli.

Ambiziosi?
No, sì, un po', anzi molto

Leggere la storia ad alta voce. Durante la lettura, fermarsi alle pause per lasciare spazio alle ipotesi degli studenti sullo sviluppo della storia. Poi continuare allo stesso modo fino alla fine.
Alla fine della lettura, gli studenti devono compilare il questionario a loro disposizione, calcolare il punteggio relativo alle risposte date e leggere le interpretazioni.

C'erano una volta, in un villaggio dell' India affacciato sul mare, due giovani fidanzati, la bella Satavahana e il forte Surya. Lei aveva lunghi capelli neri e uno sguardo di velluto, lui faceva il pescatore e cercava faticosamente di mettere da parte il necessario per sposare la donna che amava.

Una notte però arrivò dal mare una grande nave e all'alba ne scese il potente maragià Gokhale, signore del luogo, seguito da uno stuolo di armati. Gokhale infatti non si accontentava delle terre che già possedeva, ma era impegnato in continui viaggi e guerre per ingrandire i propri possedimenti. Si era fermato lì per rifornire la sua nave di acqua e di cibo. Quando vide la bella Satavahana ...

... se ne invaghì di colpo e, abituato a comandare spietatamente i suoi sudditi, ordinò ai suoi armati che la rapissero e la portassero a bordo della nave.

Surya però si presentò davanti al maragià per reclamare la bella Satavahana sua fidanzata e Gokhale, colpito dal coraggio del giovane, gli disse:

«Io partirò subito con la mia veloce nave e Satavahana verrà con me. Però ti offro una possibilità, se vuoi riaverla. Io aspetterò un giorno e una notte prima di giacermi con lei e se tu, prima della prossima alba, sarai riuscito a raggiungere la mia nave, potrai tornare indietro con la tua fidanzata». Dette queste parole, Gokhale partì con la sua nave a vele spiegate e Surya rimase solo sulla spiaggia a pensare disperatamente al modo di salvare la sua bella innamorata.

... Finalmente vide un'onda che gli sembrava più alta e forte di tutte le altre e gli si rivolse così: «Tu sei l'onda più veloce che abbia mai veduta. Prendimi con te e corri dietro alla nave di Gokhale».

L'onda lo avvolse tutto e se lo trascinò dietro come in un grembo, alla ricerca della nave che ormai si era persa all'orizzonte. Sulla nave tutti i marinai si davano un gran daffare, per far correre la nave sul mare il più velocemente possibile. Ma Miran, una giovane schiava del seguito del maragià, aveva visto il pescatore Surya quando era salito a bordo e si era innamorata di lui, perché ne aveva ammirato la bellezza e il coraggio. Così, di nascosto, sabotava le vele e la nave andava più lentamente di quanto tutti pensassero.

Intanto erano trascorsi tutto il giorno e tutta la notte e già all'orizzonte si affacciavano i colori dell'alba. Ed ecco il maragià avviarsi verso la cabina dove stava rinchiusa la bella Satavahana, per conquistarla.

... Ma proprio in quel momento un'onda alta e forte si abbatté sulla nave e lasciò sul ponte Surya, stremato ma felice di essere riuscito ad arrivare in tempo. Per un attimo Gokhale si sentì perduto, perché avrebbe dovuto tener fede alla promessa e invece capiva di desiderare sempre di più la bella Satavahana. Ma chi ha potere non ha esitazioni di lunga durata, così il sovrano entrò nella cabina di Satavahana e proprio qui volle che fosse introdotto al suo cospetto il giovane pescatore, al quale disse crudamente:

«Sei stato bravo, ma un maragià non è tenuto a mantenere la parola data a uno straccione come te. Tu non riavrai Satavahana».

Surya fece per scagliarsi contro di lui deciso a morire, ma fu Satavahana a parlare dopo averlo fermato:

... «Surya, perdonami. Io ho visto da vicino la ricchezza e la potenza del maragià Gokhale e voglio restare con lui. Preferisco essere la sua schiava piuttosto che dividere con te, come sposa, una vita di stenti. La miseria può indurire il cuore».

Surya chinò la testa, vinto. Come estremo segno di benevolenza, da parte del maragià, non fu ucciso ma messo in una barca e abbandonato al suo destino, mentre la possente nave si allontanava definitivamente sul mare con le vele superbe gonfie di vento.

... Fu grande la sorpresa del giovane, quando si accorse che nella barca, nascosta da un telo, c'era anche una bella fanciulla, la schiava Miran. Le chiese che cosa volesse e lei gli confidò con dolcezza di essersi innamorata di lui sulla spiaggia del suo villaggio e di averlo poi aiutato facendo rallentare la nave. Da quel momento in poi, aggiunse, lei sarebbe rimasta sempre con il pescatore, pronta a esaudire ogni suo desiderio.

«La miseria», concluse, «quando non indurisce i cuori, insegna i veri valori della vita. E l'amore è il più grande di tutti».

Surya invocò ancora l'onda alta e forte, perché li riportasse a riva e subito la fragile barca fu sollevata in alto sul mare e trasportata rapidamente verso il villaggio lontano. Questa volta però il vento geloso non sopportò che un pescatore qualunque si beffasse delle leggi del mare e si mise a soffiare così forte che in breve la fragile imbarcazione fu travolta da un'improvvisa tempesta. La schiava Miran fu scagliata a riva e si salvò, ma non vide più né la barca né l'amato Surya. Però non si perse d'animo e mentre la notte avanzava, rimase sulla riva, fiduciosa che il suo pescatore prima o poi si sarebbe rifatto vivo. E mentre il mare diventava sempre più scuro chiudendosi in un abbraccio d'ebano con la terra e il cielo, Miran pronunciò alcuni versetti magici e d'incanto sulla sua fronte si formò un diadema di lucciole che con la loro luce avrebbero indicato a Surya, se fosse stato ancora vivo, la via per arrivare da lei.

Quando la notte era più fonda Miran vide ricompensata la sua fiducia, perché il mare, calmatosi improvvisamente, depositò sulla riva Surya. Era quasi privo di vita, ma stringeva in un pugno una manciata di gioielli. Il mare lo aveva travolto e lo aveva trascinato giù nei suoi abissi, ma Surya era un buon nuotatore e aveva polmoni forti. Sul fondo il giovane, mezzo tramortito, aveva scorto un vascello affondato pieno di tesori e allora, raccolte le ultime forze fino a sentirsi scoppiare i polmoni, aveva strappato dai forzieri semiaperti una manciata di ricchezza. Poi era riuscito a risalire in superficie in stato di incoscienza. Il vento aveva pensato che il giovane pescatore fosse già morto e si era ritirato nelle alte caverne del cielo, lasciando sul mare un'insolita bonaccia. Infine, quando ormai Surya disperava di ritrovare il suo approdo in mezzo a tanta oscurità, le lucciole sulla fronte di Miran gli avevano indicato la via della salvezza e dell'amore. Il curioso è che fra le braccia di Miran Surya si smemorò completamente e dimenticò tutto il suo passato, compresa la brutta avventura con il maragià.

Pino Gilioli
Grazia - luglio 1983

Finito di stampare
nel mese di settembre 1993
dalla TIBERGRAPH s.r.l.
Città di Castello (PG)

L'italiano per stranieri

Amato - *Mondo italiano*
testi autentici sulla realtà sociale e culturale italiana

Ambroso e Stefancich - *Parole*
10 percorsi nel lessico italiano - esercizi guidati

Avitabile - *Italian for the English-speaking*

Battaglia - *Grammatica italiana per stranieri*

Battaglia - *Gramática italiana para estudiantes de habla española*

Battaglia - *Leggiamo e conversiamo*
letture italiane con esercizi per la conversazione

Battaglia e Varsi - *Parole e immagini*
corso elementare di lingua italiana per principianti

Bettoni e Vicentini - *Imparare dal vivo***
lezioni di italiano - livello avanzato
manuale per l'allievo
chiavi per gli esercizi

Buttaroni - *Letteratura al naturale*
autori italiani contemporanei con attività di analisi linguistica

Cherubini - *L'italiano per gli affari*
corso comunicativo di lingua e cultura aziendale

Diadori - *Senza parole*
100 gesti degli italiani

Gruppo META - *Uno*
corso comunicativo di italiano per stranieri - primo livello
libro dello studente
libro degli esercizi e sintesi di grammatica
guida per l'insegnante
3 audiocassette

Humphris, Luzi Catizone, Urbani - *Comunicare meglio*
corso di italiano - livello intermedio-avanzato
manuale per l'allievo
manuale per l'insegnante
4 audiocassette

Marmini e Vicentini - *Imparare dal vivo* *
lezioni di italiano - livello intermedio
manuale per l'allievo
chiavi per gli esercizi

Marmini e Vicentini - *Ascoltare dal vivo*
manuale di ascolto - livello intermedio
quaderno dello studente
libro dell'insegnante
3 audiocassette

Radicchi e Mezzedimi - *Corso di lingua italiana*
livello elementare
manuale per l'allievo
1 audiocassetta

Radicchi - *Corso di lingua italiana*
livello intermedio

Radicchi - *In Italia*
modi di dire ed espressioni idiomatiche

Totaro e Zanardi - *Quintetto italiano*
approccio tematico multimediale - livello avanzato
libro dello studente
quaderno degli esercizi
2 audiocassette
1 videocassetta

Urbani - *Senta, scusi...*
programma di comprensione auditiva con spunti di produzione libera orale
manuale di lavoro
1 audiocassetta

Urbani - *Le forme del verbo italiano*

Verri Menzel - *La bottega dell'italiano*
antologia di scrittori italiani del Novecento

Vicentini e Zanardi - *Tanto per parlare*
materiale per la conversazione - livello medio avanzato
libro dello studente
libro dell'insegnante

Bonacci editore